Vorübungen und Geschäftsgänge zur Einführung in die Buchführung für kaufmännische Berufs- und Handelsschulen

Von

Clemence Slavik

Handelslehrerin an den kaufmännischen
Schulen der Stadt und Handelskammer
Duisburg

Vierte Auflage

Springer Fachmedien Wiesbaden GmbH 1925

ISBN 978-3-663-15200-2 ISBN 978-3-663-15763-2 (eBook)
DOI 10.1007/978-3-663-15763-2

Vorwort zur vierten Auflage.

Die vorliegenden Buchungsgänge können für jede Lehrmethode benutzt werden. Es ist gleich, ob der Lehrende mit der einfachen, doppelten deutschen oder mit der doppelten amerikanischen Buchführung beginnen will. Die Gänge sind nach dem Grundsatz vom Leichten zum Schweren übergehend aufgestellt worden.

Bei vorgeschrittenen Schülern und Schülerinnen können die letzten Gänge auch im Unterricht für Handelskunde benutzt werden, da die Lernenden an Hand der Vorfälle in der Lage sind, die Belege und Briefe für die Buchführung selbständig anzufertigen, und so die nötige Grundlage für die Praxis gewonnen wird.

Am Schluß des Buches befinden sich neun Verkehrsbilanzen, die zu Abschlußübungen dienen. Die Lernenden sollen Soll- und Habensaldo ermitteln, selbständig die Schlußbilanz aufstellen, Gewinn und Verlust suchen und die erforderlichen Abschlußbuchungen vornehmen.

Die Verfasserin.

Vorübungen.

1. Übung.

Hermann Schneider, hier, Bäcker, ist Kunde von uns, und wir richten ihm in unseren Büchern ein Konto ein.

			RM.
Jan.	1.	erhält er 500 kg Weizenmehl % kg RM. 42.— . .	210.—
„	9.	„ „ 400 „ „ „ „ „ 42.— . .	168.—
„	16.	bezahlt er bar	210.—
„	24.	erhält er 1000 kg Backmehl % kg RM. 38.—	380.—
„	31.	bezahlt er bar	168.—

Was schuldet uns Schneider am Schlusse des Monats?

2. Übung.

Fortsetzung des Geschäftsverkehrs mit Schneider. Wir beziehen das Mehl von den Rosiny-Mühlen, A.-G., hier. Auch dieser Firma wird ein Konto eingerichtet.

Febr.	2.	Die Rosiny-Mühlen, A.-G., hier, senden 5000 kg Weizenmehl % kg RM. 39.—	1950.—
„	5.	H. Schneider, hier, erhält 1000 kg Weizenmehl % kg RM 42.—	420.—
„	12.	Die Rosiny-Mühlen, A.-G., senden 3000 kg Backmehl % kg RM. 35.—	1050.—
„	18.	Die Rosiny-Mühlen, A.-G., erhalten in bar	1000.—
„	20.	H. Schneider, hier, sendet bar	380.—
„	24.	H. Schneider, hier, erhält 1000 kg Backmehl % kg RM. 38.—	380.—
„	26.	H. Schneider, hier, erhält 500 kg Weizenmehl % kg RM. 42.—	210.—
„	28.	H. Schneider, hier, sendet in bar	420.—

Wie stehen wir am Ende des Monats zu unsern Geschäftsfreunden?

3. Übung.

Fortsetzung des Monats Februar (März).

Es kommt noch ein weiterer Kunde, Joh. Schwertfeger, Hamborn, hinzu:

März	1.	Joh. Schwertfeger, Hamborn, erhält 2000 kg Weizenmehl % kg RM. 42.—	840.—
„	4.	Die Rosiny-Mühlen, A.-G., erhalten bar	950.—
„	5.	Joh. Schwertfeger teilt uns mit, daß am Gewicht 5 kg Mehl gefehlt haben, wir schreiben ihm gut	2.10
„	9.	Die Rosiny-Mühlen, A.-G., senden 3000 kg Weizenmehl % kg RM. 39.— . . . . . . RM. 1170.— 2000 kg Futtermehl % kg RM. 25.— „ 500.—	1670.—
„	10.	H. Schneider, hier, erhält 1000 kg Backmehl % kg RM. 38.—	380.—
„	11.	Den Rosiny-Mühlen, A.-G., teilen wir mit, daß das Futtermehl nicht nach der Probe geliefert ist, und bitten um entsprechende Ermäßigung.	
„	16.	Joh. Schwertfeger, Hamborn, erhält 500 kg Futtermehl % kg RM. 28.—	140.—

			RM.
März	18.	Die Rosiny-Mühlen, A.-G., teilen uns mit, daß sie auf das Futtermehl auf % kg RM. 1.— gutschreiben werden	20.—
„	21.	Herm. Schneider, hier, sendet in bar	210.—
„	26.	Joh. Schwertfeger, Hamborn, sendet in bar	840.—
„	28.	Herm. Schneider, hier, erhält 500 kg Weizenmehl % kg RM. 42.—	210.—
„	31.	Die Rosiny-Mühlen, A.-G., erhalten in bar	1030.—

Die Konten sind am Schlusse des Monats abzuschließen. (Aus obigen Übungen ist ersichtlich, daß immer derjenige, welcher empfängt, Schuldner, und derjenige, welcher gibt, Gläubiger ist.)

4. Übung.

Übergang zur doppelten Buchführung.

Wir richten nicht nur unsern Geschäftsfreunden, sondern auch für die Vermögensbestandteile ein Konto ein. (Es sind nur Übungen im Belasten und Erkennen der Konten.)

Kasse-, Waren- und Kapitalkonto.

Mai	1.	Wir legen in die Kasse	3000.—
„	11.	Wir kaufen Waren gegen bar	2000.—
„	15.	Wir verkaufen Waren gegen bar	1000.—
„	20.	Wir verkaufen Waren gegen bar	1200.—

5. Übung.

Ich habe ein Weißwarengeschäft. Es werden geführt Kasse-, Warenkonto und die verschiedenen Personenkonten ohne Abschluß.

Juli	1.	Emil Ritter, Bielefeld, sendet Kragen, Manschetten und Taschentücher für	1500.—
„	5.	Frau Amtsgerichtsrat Weber, hier, erhält Hemden und Schürzen für	140.—
		2 Gedecke zur Auswahl RM. 40.— und RM. 60.— .	
„	10.	Frau W. Friedrich, hier, erhält Kragen und Manschetten für	80.—
„	11.	Frau Amtsgerichtsrat Weber, hier, gibt das Gedeck zu RM. 60.— zurück.	
„	16.	Albert Rath, hier, erhält Kragen für	50.—
„	22.	Emil Ritter, Bielefeld, sendet Tischtücher und Mundtücher für	500.—
„	24.	Frau Weber, hier, bezahlt bar	140.—
„	26.	Franz Witt, hier, erhält gegen bar Tischtücher für	70.—
„	28.	Frau W. Friedrich, hier, bezahlt bar	80.—
„	31.	Emil Ritter, Bielefeld, erhält bar	1500.—

6. Übung.

Fortsetzung der vorhergehenden Übung.

Unkosten- und Einrichtungskonto kommen hinzu.

Aug.	2.	Emil Ritter, Bielefeld, sendet Handtücher für	240.—
„	9.	Gerhard Schwarz, hier, liefert 6 Kontorstühle gegen Barzahlung	72.—
		und entnimmt Waren für	40.—

		RM.
Aug. 10.	Albert Rath, hier, erhält Handtücher für	24.—
„ 14.	Frau W. Friedrich, hier, erhält Taschentücher, Tischtücher und Mundtücher für	160.—
„ 18.	Geschäftsbücher, Rechnungen usw. kaufe ich gegen bar bei Dietrich & Hermann, hier, für	50.—
„ 21.	An Heinr. Winter, hier, verkaufe ich gegen bar Kragen und Manschetten für	90.—
„ 25.	Frau W. Friedrich, hier, bezahlt die Rechnung v. 14. d. M. RM. 160.—, kürzt 2 % Rabatt und bezahlt bar .	156.80
„ 27.	Briefmarken für	20.—
„ 30.	Albert Rath, hier, bezahlt die Rechnung vom 16. Juli RM. 50.—, kürzt 2 % Rabatt RM. 1.— und bezahlt in bar	49.—

Um zu sehen, ob die Hauptbucheintragungen richtig sind, kann man schon die Probebilanz aufstellen lassen.

Buchungsgänge mit Abschluß.

1. Buchungsgang mit Abschluß.

Kapital-, Kasse- und Warenkonto.

Okt. 1.	Franz Hals, hier, eröffnet ein Geschäft und legt bar ein	3000.—
„ 2.	er kauft gegen bar 60 Sack Erbsen zu RM. 38.— . .	2280.—
„ 20.	er verkauft gegen bar 60 Sack Erbsen zu RM. 42.— .	2520.—

Abschluß.

2. Buchungsgang mit Abschluß.

Kapital-, Kasse- und Warenkonto.

Nov. 1.	Robert Richter, hier, eröffnet ein Geschäft und legt bar ein	3500.—
„ 8.	er kauft Waren 50 Sack Zucker gegen bar zu RM. 62.— . . .	3100.—
„ 16.	er verkauft 30 Sack Zucker gegen bar zu RM. 68.— .	2040.—
„ 29.	er verkauft gegen bar die restl. 20 Sack zu RM. 68.—	1360.—

Abschluß.

3. Buchungsgang mit Abschluß.

Kapital-, Waren-, Kasse- und 1 Personenkonto.

Dez. 1.	Heinr. Werner, hier, eröffnet ein Geschäft mit bar . .	5000.—
„ 6.	Ernst Meyer, Cochem a. d. Mosel, sendet 3 Fuder Wein zu RM. 1500.—	4500.—
„ 15.	J. Winter, hier, erhält 2 Fuder Wein gegen bar zu RM. 1700.—	3400.—
„ 25.	Ernst Meyer, Cochem, erhält bar	5000.—
„ 29.	H. Schneider, hier, erhält gegen bar 1 Fuder Wein. .	1700.—

Abschluß.

4. Buchungsgang mit Abschluß.

Kapital-, Kasse-, Waren- und 2 Personenkonten.

Juni 1.	Karl Sommer, hier, eröffnet ein Geschäft mit bar . .	4000.—
„ 12.	Robert Kreuz, hier, liefert 3000 Pfd. Kakao ½ kg zu RM. 1.20	3600.—

				RM.
Juni	20.	Emil Meyer, hier, erhält 3000 ℔ Kakao 1/2 kg zu RM. 1.40		4200.—
„	28.	Robert Kreuz, hier, erhält bar		3600.—
„	30.	Emil Meyer, hier, bezahlt		4200.—

Abschluß.

5. Buchungsgang mit Abschluß.

Kapital-, Kasse-, Waren-, Unkosten-, Gewinn- und Verlustkonto und 2 Personenkonten.

Febr.	1.	Gustav Reichert, hier, eröffnet ein Geschäft mit bar		4500.—
„	4.	Gebr. Wende, Hamburg, senden Ziel 6 Monate		
		50/10 Kisten Zigarren La Preferida ‰ RM. 150.—	RM. 750.—	
		50/10 Kisten La Flor Eminente ‰ RM. 110.—	RM. 550.—	1300.—
„	6.	Fracht für obige Sendung		8.20
„	10.	G. Kaiser, hier, erhält Ziel 6 Monate 50/10 Kisten La Flor Eminente ‰ RM. 125.—		625.—
„	15.	Geschäftsbücher, Rechnungen, Drucksachen usw. . . .		90.—
„	23.	G Müller, hier, erhält gegen bar 50/10 Kisten La Preferida ‰ RM. 165.—		825.—
„	26.	Gebr. Wende, Hamburg, erhalten bar		1000.—
„	28.	Telephonanlage bezahlt		110.—
„	28.	G. Kaiser, hier, sendet bar		500.—

Abschluß.

6. Buchungsgang mit Abschluß.

Kapital-, Kasse-, Waren-, Unkosten-, Abzugs-, Bilanz-, Gewinn- und Verlustkonto und 2 Personenkonten.

März 1. Erich Schwan, hier, eröffnet ein Geschäft.

Besitz.

Kasse	6000.—
Waren:	
200 m Seide Nr. 650 zu RM. 7.—	1400.—
	7400.—

Schulden.

keine	—

„	2.	Rudolf Becher, Crefeld, liefert gegen Ziel 100 m Seide Nr. 650 zu RM. 7.—		700.—
„	4.	Fracht		9.—
„	6.	Arnold Albers, hier, erhält gegen Ziel 100 m Seide Nr. 650 zu RM. 8.50		850.—
„	11.	100 m Seide Nr. 650 gegen bar verkauft zu RM. 8.50		850.—
„	16.	Arnold Albers, hier, bezahlt	850.—	
		1% Abzug	8.50 bar	841.50
„	20.	Rudolf Becher, Crefeld, erhält bar		700.—
		und sendet 100 m Seide gegen Ziel Nr. 1015 zu RM. 10.—		1000.—
„	25.	100 m Seide Nr. 650 zu RM. 8.50 gegen bar verkauft		850.—

	RM.
März 26. Fracht	9.50
„ 31. Lohn an die Laufburschen und andere Unkosten	120.—

Abschluß.

7. Buchungsgang mit Abschluß.

Kapital-, Kasse-, Waren-, Unkosten-, Abzugs-, Haushaltungs-, Bilanz-, Gewinn- und Verlustkonto und 3 Personenkonten.

April 1. Paul Schlegel, hier, eröffnet ein Geschäft.

Besitz.

Kasse	2500.—
Waren:	
3 Ztr. Butter zu RM. 2.10	630.—
	3130.—

Schulden.

keine	—
„ 5. 1 Ztr. Butter gegen bar verkauft zu	225.—
„ 7. Hans Volker, hier, erhält 1 Ztr. Butter zu	225.—
„ 9. Reinigung des Ladens und der Fenster bezahlt	15.—
„ 11. Fritz Schulz, Memmingen, sendet 1 Kiste Limburger Käse 50 ℔ 1 Ztr. zu RM. 130.—	65.—
„ 13. Fracht	7.50
„ 15. Der Inhaber entnimmt	300.—
„ 18. 1 Kiste Limburger Käse gegen bar verkauft 25 ℔ 1 Ztr zu RM. 150.—	37.50
„ 20. Fritz Schulz, Memmingen, erhält RM. 65.—	
1 % Abzug „ —.65 in bar	64.35
„ 22. Hans Volker, hier, erhält 1 Ztr. Butter zu	225.—
„ 24. Kurt Rasch, Cleve, sendet 3 Kübel Margarine 150 ℔ 1 Ztr. zu RM. 70.—	105.—
„ 26. Fracht	4.—
„ 27. 1 Kübel Margarine gegen bar verkauft 50 ℔ 1 Ztr. zu RM. 80.—	40.—
„ 28. Der Inhaber entnimmt	50.—
„ 29. Für Reinigung des Ladens bezahlt	20.—
„ 30. Gehälter	200.—

Abschluß.

8. Buchungsgang mit Abschluß.

Kapital-, Kasse-, Waren-, Unkosten-, Einrichtungs-, Haushaltungs-, Bilanz-, Gewinn- und Verlustkonto, Abzugskonto und 2 Personenkonten.

Mai 1. Albert Vogel, hier, eröffnet ein Geschäft.

Besitz.

Kasse	5500.—
Waren:	
20 Kisten Würfelzucker 500 kg, 50 kg zu RM. 27.—	270.—
	5770.—

Schulden.

keine	—

			RM.
Mai	2.	Martin Hauer, Cöln, sendet 30 Kisten Würfelzucker zu 25 kg = 750 kg die 50 kg RM. 27.—	405.—
„	4.	Für Kontorgeräte werden bezahlt	1200.—
„	4.	Fracht auf Zucker	39.—
„	5.	J. Beinhauer, hier, empfängt 10 Kisten Würfelzucker 250 kg, 50 kg ℳ 30.—	150.—
„	6.	Der Inhaber entnimmt	250.—
„	10.	Martin Hauer, Cöln, sendet 20 Sack Raffinade 2000 kg, 50 kg RM. 26.—	520.—
„	10.	Fracht auf Raffinade	45.—
„	12.	Bernhard Hartwig, hier, erhält 20 Kisten Würfelzucker gegen bar 500 kg die 50 kg RM. 29.— . . . . RM. 290.— 5 Sack Raffinade 500 kg 50 kg RM. 28.— „ 140.—	430.—
„	17.	Für Rechnungen, Briefumschläge, Briefbogen werden bezahlt	110.—
„	24.	Martin Hauer, Cöln, erhält RM. 405.— ·/· $\frac{1}{2}$% Abzug RM. 2.—, in bar	403.—
„	28.	Für Anzeigen in der Rhein- und Ruhrzeitung . . .	72.—
„	31.	J. Beinhauer, hier, bezahlt	150.—
„	31.	R. Schwarz, hier, erhält gegen bar 20 Kisten Würfelzucker 500 kg, 50 kg RM. 30.—	300.—
		Abschluß.	
		Auf Einrichtung 1% Abschreibung	12.—

9. Buchungsgang mit Abschluß.

Kapital-, Kasse-, Waren-, Unkosten-, Einrichtungs-, Haushaltungs-, Abzugs-, Reichsbank-, Bilanz-, Gewinn- und Verlustkonto und 3 Personenkonten.

Juni 1. Albert Odenthal, hier, eröffnet ein Kohlengeschäft.

Besitz.

Kasse	8000.—
Waren:	
30 t Eßnuß II zu RM. 26.50	795.—
Einrichtung	1500.—
	10295.—

Schulden.

		keine	—
„	2.	Reichsbank erhält bar	6000.—
„	2.	Haushalt bar	400.—
„	4.	10 t Eßnuß II gegen bar verkauft zu RM. 30.— . .	300.—
„	7.	Zeche Concordia, Oberhausen, liefert 20 t Stückkohlen zu RM. 20.—	400.—
„	8.	1 Kopierpresse gegen bar gekauft	40.—
„	9.	Fracht	32.—
„	10.	Gustav Witzer, Uerdingen, erhält 10 t Stückkohlen zu RM. 23.—	230.—
„	12.	Überweisung an Zeche Concordia	300.—

RM.

Juni 15. Für Portokasse . . . . 50.—
„ 16. 2 t Stückkohlen gegen bar verkauft zu RM. 23.— . . 46.—
„ 19. Gustav Witzer, Uerdingen, überweist durch
die Reichsbank . . . . RM 230.—
·/· $1/2$% Abzug . . . . „ 1.15 228.85
„ 21. Adolf Klapp, Crefeld, erhält 4 t Eßnuß II zu RM. 30.— 120.—
„ 24. 3 t Eßnuß II gegen bar verkauft zu RM. 30.— . . . 90.—
„ 27. Gustav Witzer, Uerdingen, erhält 6 t Eßnuß II zu
RM. 30.— . . . . 180.—
„ 29. Adolf Klapp, Crefeld, überweist durch die
Reichsbank . . . . RM. 120.—
·/· $1/2$% Abzug . . . . „ 0.60 119.40
„ 30. 8 t Stückkohlen gegen bar verkauft zu RM. 23.— . . 184.—
„ 30. Haushalt . . . . 100.—
„ 30. Gehälter und verschiedene Unkosten . . . . 240.—

Abschluß.

Einrichtung 5% Abnutzung.

10. Buchungsgang mit Abschluß.

Kasse-, Kapital-, Waren-, Unkosten-, Einrichtungs-, Haushaltungs-, Reichsbank-Wechsel-, Bilanz-, Gewinn- und Verlustkonto und 4 Personenkonten.

Juli 1. eröffnet Kurt Schaffer, hier, ein Geschäft.

Besitz.

Kasse . . . . 11000.—
Waren:
Nr. 35, 400 l Moselwein zu RM. 1.20 RM. 480.—
Nr. 60, 500 l Rheinwein zu „ 1.10 „ 550.— 1030.—
Einrichtung . . . . 1800.—
13830.—

Schulden.

Gläubiger:
Müller & Cie., Coblenz . . . . 550.—
Franz Bartels, Cochem . . . . 480.—
1030.—

„ 2. Für Miete bezahlt . . . . 200.—
„ 3. Hans Eckert, hier, erhält gegen Ziel 3 Monate
Nr. 60, 100 l Rheinwein zu RM. 1.40 RM. 140.—
Nr. 35, 100 l Moselwein „ „ 1.60 „ 160.— 300.—
ich ziehe auf ihn zum 3. Okt. . . . . 300.—
„ 5. Die Reichsbank erhält bar . . . . 10000.—
„ 5. Haushalt bar . . . . 350.—
„ 6. Wechsel Nr. 1 a/Eckert z. 3. 10. wird an Müller & Cie.,
Coblenz, gegeben . . . . 300.—
„ 7. Nr. 50, 100 l Rheinwein gegen bar verkauft zu RM. 1.40 140.—
„ 8. Ich kaufe Wechsel Nr. 2 a/Coblenz z. 1. 10. bei der
Reichsbank gegen bar . . . . 200.—
und sende denselben an Müller & Cie., Coblenz . . . 200.—

			RM.
Juli 10.	Überweisung an Franz Bartels, Cochem, a/Girokonto .		480.—
„ 13.	Hans Eckert, hier, erhält Nr. 35, 200 l Moselwein zu RM. 1.60, ...		320.—
	und ich ziehe auf ihn z. 13. 10. Wechsel Nr. 3 . . .		320.—
„ 14.	Der Inhaber erbt und legt ins Geschäft		5000.—
„ 16.	Franz Bartels, Cochem, sendet Ziel 3 Monate Nr. 40, 600 l Moselwein zu RM. 1.25		750.—
„ 19.	Nr. 35, 100 l Moselwein zu RM. 1.60 gegen bar verkauft		160.—
„ 21.	Für den Haushalt bar		200.—
„ 23.	Geschw. Reif, Homberg, erhalten Ziel 3 Monate		
	Nr. 40, 200 l Moselwein zu RM. 1.70	RM. 340.—	
	Nr. 60, 200 l Rheinwein zu „ 1.40	„ 280.—	620.—
„ 25.	Geschw. Reif, Homberg, senden Wechsel Nr. 4		
	a/Duisburg z. 21. 10.	RM. 400.—	
	bar	„ 220.—	620.—
„ 27.	Anzeigen in verschiedenen Zeitungen		180.—
„ 28.	Geschw. Reif, Homberg, erhalten Ziel 3 Monate Nr. 40, 300 l Moselwein zu RM. 1.70		510.—
„ 29.	Franz Bartels, Cochem, erhält Wechsel Nr. 3 a/hier .		320.—
„ 30.	Nr. 60, 100 l Rheinwein gegen bar verkauft zu RM. 1.40		140.—
„ 31.	Gehälter		300.—

Abschluß.

Auf Einrichtung werden 2% abgeschrieben.

11. Buchungsgang mit Abschluß.

Robert Faß, Duisburg, eröffnet ein Agenturgeschäft in Chemikalien. Er vertritt in der Hauptsache die Firma Edel & Mayer, Hamburg, und erhält für seine Bemühungen eine Vergütung und Ersatz der baren Auslagen.

Folgende Konten sind zu führen: Kapital-, Bilanz-, Kassen-, Einrichtungs-, Bank-, Unkosten-, Vergütungs-, Haushaltungs-, Scheck- und Wechsel-, Gewinn- und Verlustkonto und 2 Personenkonten.

Vermögensaufstellung vom 1. Jan.

Besitz.

Kasse	RM. 9000.—	
Einrichtung	„ 2000.—	11000.—

Schulden.

Gläubiger:		
Franz Jansen, Duisburg	RM. 1200.—	
Kapital	„ 9800.—	11000.—

Jan. 2.	Duisburg-Ruhrorter Bank erhält bar	8000.—
„ 4.	Für Briefmarken bar bezahlt	20.—
„ 6.	Firma Edel & Mayer, Hamburg, liefern durch meine Vermittlung an das Farbwerk Alemannia Oberhausen 10 t Lithopone, 100 kg zu RM. 44.— RM. 4400.—, Vergütung 1½%	66.—
„ 8.	Für Haushalt bar	400.—
„ 10.	Franz Jansen, Duisburg, erhält Scheck Nr. 501 auf die Duisburg-Ruhrorter Bank	1200.

		RM.
Jan.	12. Edel & Mayer, Hamburg, liefern durch meine Vermittlung der Zeche Niederrhein, Essen, 2500 kg Lithopone, 100 kg zu RM.44.— RM.1100.—, Vergütung $1\frac{1}{2}\%$	16.50
„	20. Zeche Niederrhein teilt mit, daß 1 Faß von 100 kg fehlt. Es ist auf der Bahn gestohlen worden und bittet um Gutschrift von RM. 44.— bei der Firma Edel & Mayer, Hamburg. Rückbuchung der Vergütung hieraus . . .	0.70
„	24. Edel & Mayer, Hamburg, liefern durch meine Vermittlung an Seger & Cie., Crefeld, 6 t Zinkweiß 100 kg RM. 79.— RM. 4740.—, Vergütung $1\frac{1}{2}\%$ . . .	71.10
„	26. Für Telephon und Depeschen bezahlt	52.—
„	28. Edel & Mayer, Hamburg, senden Scheck Nr. 650 auf die Norddeutsche Bank, Hamburg, ...	152.90
„	31. Edel & Mayer, Hamburg, erhalten Unkostenrechnung .	21.—

Abschluß.

Auf Einrichtung 2% Abschreibung.

12. Buchungsgang mit Abschluß.

Folgende Konten sind zu führen: Bilanz-, Kapital-, Kassen-, Waren-, Einrichtungs-, Haushaltungs-, Verkaufsstellen-, Bank-, Unkosten-, Gewinn- und Verlustkonto und 3 Personenkonten.

Febr. 1. eröffnet Ernst Hansen, Duisburg, eine Kartoffelgroßhandlung verbunden mit einer Verkaufsstelle für den Kleinverkauf.

Vermögensaufstellung vom 1. Februar.

Besitz.

Kasse	7000.—
Waren:	
200 Ztr. Kartoffeln 1 Ztr. zu RM. 5.—	1000.—
Einrichtung	1700.—
	9700.—

Schulden.

Gläubiger:	
Gebr. Ochsendahl, Essen, ...	500.—
Kapital	9200.—
	9700.—

	1. Für Haushalt bar	320.—
	2. Einrichtung für Verkaufsstelle bar bezahlt	950.—
„	2. Die Verkaufsstelle erhält 100 Ztr. Kartoffeln, 1 Ztr. RM. 5.—	500.—
„	4. Gebr. Ochsendahl, Essen, senden 2 Waggons Kartoffeln 200 Ztr. zu RM. 5.20	1040.—
„	5. Für Portokasse bar	50.—
„	6. Für Fracht bezahlt.	40.—
„	8. Darmstädter Bank erhält bar	5000.—
„	10. Karl Voß, hier, erhält 100 Ztr. Kartoffeln zu RM. 5.50	550.—
„	12. Gebr. Ochsendahl, Essen, erhalten Scheck Nr. 716 auf die Darmstädter Bank	500.—

		RM
Febr. 14.	Einnahmen aus der Verkaufsstelle	490.—
„ 17.	Otto Kleinsorge, Düsseldorf, erhält bei Bestellung auf 1 Waggon Kartoffeln Vorausbezahlung	300.—
„ 18.	Die Verkaufsstelle erh. 100 Ztr. Kartoffeln z. RM. 5.20	520.—
„ 20.	Karl Voß, hier, gibt Scheck Nr. 2000 auf die Reichsbank . . . . den wir sofort einkassieren.	550.—
„ 21.	Otto Kleinsorge, Düsseldorf, sendet 100 Ztr. Kartoffeln zu RM. 5.30	530.—
„ 21.	Fracht bezahlt	15.—
„ 22.	Otto Kleinsorge, Düsseldorf, erhält Scheck Nr. 717 auf die Darmstädter Bank	230.—
„ 23.	100 Ztr. Kartoffeln gegen bar verkauft an Fritz Landes zu RM. 5.70	570.—
„ 25.	Karl Voß, hier, erh. 50 Ztr. Kartoffeln z. RM. 5.80 .	290.—
„ 28.	Miete für die Verkaufsstelle bezahlt	100.—
„ 28.	Einnahmen aus der Verkaufsstelle	520.—
„ 28.	Lohn für Angestellte der Verkaufsstelle bezahlt . . .	90.—
„ 28.	Für Krankenkasse, Invalidenmarken und Steuermarken für Angestellte der Verkaufsstelle bezahlt	15.—
	Auf Einrichtung 5% Abschreibung.	
	Warenbestand in der Verkaufsstelle 25 Ztr. zu RM. 5.20	130.—
	Warenbestand auf dem Lager 50 Ztr. zu RM. 5.30	265.—

13. Buchungsgang mit Abschluß.

Die Personenkonten kommen in ein besonderes Buch, das Personenbuch. 2 Grundbücher sind anzulegen. Merkbuch, Kassenbuch oder nach amerikanischer Art das Journal. Vermögensaufstellung und -ausgleich.

Aug. 1. Robert Kurz, hier, eröffnet ein Tapetengeschäft.

Besitz.

Kasse		7500.—
Waren:		
Nr. 450, 600 Rollen Tapeten zu RM. 0.40	RM. 240.—	
„ 613, 400 „ „ „ „ 0.50	„ 200.—	
„ 750, 300 „ „ „ „ 0.60	„ 180.—	620.—
Wechsel:		
Nr. 1 a/hier z. 31. 8.		250.—
Einrichtung		1500.—
		9870.—

Schulden.

Hans Groß, Bern	380.—

Vermögensaufstellung (Inventar). Vermögensausgleich (Bilanz). Eröffnungsbuchungen.

„ 2.	Carl Iven & Cie., Hamburg, senden Nr. 814, 1000 Rollen Tapeten zu RM 0.90, Ziel 3 Mte.	900.—
„ 6.	Rud. Brand, hier, Baugeschäft, erhält Nr. 450, 300 Rollen Tapeten zu RM. 0.60 netto Kasse (Siehe 12.)	180.—
„ 6.	Fracht	42.—

RM.

Aug. 8. Briefmarken und Invalidenmarken . . . . . . 20.—
„ 10. J. Schurz, hier, Baugeschäft, erhält Ziel 3 Mte.
Nr. 450, 200 Roll. Tap. zu RM. 0.60 . RM. 120.—
„ 613, 100 „ „ „ „ 0.75 . „ 75.— 195.—
„ 12. Rudolf Brand, hier, sendet einen Wechsel Nr. 2 zum
20. 8. auf Fried, Hamburg, über . . RM. 120.—
in bar . . . . „ 60.— 180.—
„ 14. Ich verkaufe gegen bar 500 Rollen Tapeten Nr. 814
zu RM. 1.40 . . . . 700.—
„ 16. Carl Iven & Cie., Hamburg, erhalten Wechsel Nr. 2
auf Hamburg zum 20. 8. . . . . 120.—
„ 20. Für Anzeigen an die Rhein- und Ruhrzeitung . . . 65.—
„ 23. Gustav Ehrhardt, Cöln-Nippes, sendet 400 Rollen Tapeten Nr. 906 zu RM. 0.70 und zieht auf mich Nr. 1 280.—
zum 30. 8. . . . .
„ 25. Fracht . . . . 5.—
„ 27. Albert König, hier, erhält
Nr. 450, 100 Rollen Tapeten zu RM. 0.60 RM. 60.—
„ 613, 300 „ „ „ „ 0.75 „ 225.— 285.—
und ich ziehe auf ihn zum 10. 9. (Nr. 3). . . . . 285.—
„ 28. Carl Iven & Cie., Hamburg, erhalten zur Begleichung
der Rechnung vom 2. 8. Wechsel auf König zum 10. 9.
(Nr. 3) . . . . RM. 285.—
ich kürze für Nachlaß auf Waren . . „ 25.—
und sende in bar . . . . „ 470.— 780.—
„ 30. löst der Inhaber den heutfälligen Wechsel Nr. 1 ein mit 280.—
„ 31. Der Inhaber hat im Laufe des Monats entnommen 480.—
„ 31. Wechsel Nr. 1 einkassiert . . . . 250.—
„ 31. Der Laufbursche erhält . . . . 50.—

Monatsabschluß. Jahresabschluß.

Auf Einrichtung 1% Abschreibung.

14. Buchungsgang mit Abschluß.

Fortsetzung des 13. Buchungsganges.

Sept. 1. Einzahlung bei der Reichsbank . . . . 5000.—
„ 3. Für den Haushalt bar . . . . 380.—
„ 4. Carl Iven & Cie., Hamburg, senden Ziel 3 Mte.
1000 Roll. Tap. Nr. 1040 zu RM. 0.45 RM. 450.—
1000 „ „ „ 1060 „ „ 0.55 „ 550.— 1000.—
„ 5. Fracht . . . . 90.—
„ 7. B. Kreuzer, hier, erhält gegen Wechsel Nr. 4 z. 7. 11.
Nr. 1040, 300 Roll. Tap. zu RM. 0.70 . RM. 210.—
„ 1060, 200 „ „ „ „ 0.85 . „ 170.— 380.—
„ 8. Arnold Kratz, hier, erhält Ziel 3 Monate
Nr. 906, 200 Roll. Tap. zu RM. 1.— RM. 200.—
„ 814, 150 „ „ „ „ 1.40 „ 210.— 410.—
„ 9. Carl Iven & Cie., Hamburg, ziehen auf mich Nr. 2 z. 4. 12 500.—

			RM.
Sept.	11.	Hans Förster, hier, erhält Ziel 3 Monate Nr. 906, 200 Roll. Tap. zu RM. 1.— RM. 200.— „ 814, 300 „ „ „ „ 1.40 „ 420.—	620.—
„	12.	Kurt Rausch, Angermund, erhält Nr. 814, 50 Rollen Tapeten zu RM. 1.40	70.—
		und gibt dafür einen Scheck auf die Reichsbank, welcher sofort einkassiert wird	70.—
„	14.	Überweisung an Carl Iven & Cie., Hamburg . . .	500.—
„	17.	Nr. 1040, 200 Roll. Tap. zu RM. 0.70 gegen bar verkauft	140.—
„	19.	Carl Iven & Cie., Hamburg, senden Ziel 3 Mte. Nr. 1085, 2000 Rollen Tapeten zu RM. 0.80 . .	1600.—
„	21.	Hans Förster, hier, bezahlt die Rechnung vom 11. Er kürzt 1% a/RM. 6.20 . . . . . RM. 6.20 sendet 1 Wechsel Nr. 5 a/hier z. 28. 9. „ 313.80 überweist a/Reichsbank . . . . . . „ 300.—	620.—
„	24.	Carl Iven & Cie., Hamburg, ziehen auf mich Nr. 3 z. 19. 12.	1000.—
„	26.	Für Fracht	91.—
„	28.	Der heutfällige Wechsel Nr. 5 wird einkassiert . .	313.80
„	29.	Nr. 1040, 200 Rollen Tapeten zu RM. 0.70 gegen bar verkauft	140.—
„	30.	Albert König, hier, erhält Ziel 3 Monate Nr. 1040, 300 Rollen Tapeten zu RM. 0.70	210.—
„	30.	Der Laufbursche erhält	50.—
„	30.	Die Forderung an Kratz ist fraglich und wird daher auf Konto für zweifelhafte Forderungen übertragen	410.—

Monatsabschluß. Jahresabschluß.

Auf Einrichtung 1% Abnutzung.

15. Buchungsgang mit Abschluß.

Zu führen sind:

Merkbuch (es kann hier auch schon die Trennung der Leihgeschäfte stattfinden, indem man Ein- und Verkaufsbuch anlegt) oder nach amerikanischer Art das Journal. Kassenbuch, Personenbuch, Hauptbuch, Sammelbuch. (Waren-, Wechsel- und Schuldwechselbuch können auch schon Anwendung finden.)

Okt. 1. Hans Werner, hier, eröffnet ein Geschäft.

Besitz.

Kasse	12000.—
Kaffee.	
W. P. 206/25, 20 Sack Santos, Rohgew. 1210 kg, Verp. 10 kg, Reingew. 1200 kg, 1 kg zu RM. 4.50	5400.—
Kakao.	
van Houtens,	
10 Kisten je 24/2 Kilo-Büchsen = 240 Büchsen, je Büchse RM. 1.70	408.—
Einrichtung.	
lt. Verzeichnis	3500.—
Fuhrpark.	
1 Lastauto	12000.—
	33308.—

RM.

Schulden.

Gläubiger:

Wilhelm Prinz, Hamburg	5400.—
Arnold Winter, Lübeck	408.—
	5808.—

Vermögensaufstellung (Inventar). Vermögensausgleich (Bilanz). Eröffnungsbuchungen.

			RM.
Okt.	1.	Karl Lorenz, Cleve, erhält Ziel 2 Monate oder 1% Abzug bei Barzahlung; durch Auto frei: W. P. 206/15, 10 Sack Santos-Kaffee, Rohgew. 605 kg, Verp. 5 kg, Reingew. 600 kg, 1 kg RM. 5.— . . .	3000 —
"	3.	A. Schaaffhausenscher Bankverein, hier, eröffnet ein Konto unter folgenden Bedingungen: Sollzinsen 14%, Habenzinsen 5%, 1/6% Vergütung. Bareinlage (Wert 4. 10.)	9000.—
"	5.	W. Renn, hier, liefert Kohlen gegen Kasse für den Haushalt	60.—
		für Geschäftsbedarf	92.—
"	6.	500 kg Benzin, 100 kg zu RM. 35.— gegen bar gekauft	175.—
"	7.	Emil Freund, Essen, erhält durch Auto frei, gegen Kasse mit 1% Abzug 5 Kisten van Houtens Kakao, je 24/2 Büchsen = 120 Büchsen zu RM. 2.— . . . . . . (Siehe 14.)	240.—
"	8.	Einlage in die Porto- und Unkostenkasse	70.—
"	9.	Johann Kiefer & Cie., Hamburg, senden durch die Bahn unfrankiert, gegen Akzept z. 9. Novbr., Diskontspesen zu meinen Lasten: J. K. & Cie., 400/49 = 50 1/5 Kisten Sultana-Rosinen Extrissima Karaburun, Rohgew. 555 kg, Verp. 55 kg, Reingew. 500 kg, 100 kg RM. 110.—	550.—
"	10.	A. Schaaffhausenscher Bankverein, hier, überweist in meinem Auftrage der Firma Wilh. Prinz, Hamburg, auf Reichsbankgirokonto . . . . . . RM. 5346.— (Wert 10. 10.) + 1% Abzug . . . „ 54.—	5400.—
"	10.	60 l Öl gegen bar gekauft zu RM. 1.10	66.—
"	11.	Fracht auf Sultaninen	31.90
"	12.	Der Wechsel Nr. 1 von Joh. Kiefer & Cie., Hamburg, wird angenommen. Zahlstelle A. Schaaffhausenscher Bankverein, hier, ...	550.—
"	13.	Adolf Eckhardt, Bochum, empfängt durch Auto frei, Ziel 1 Mt. W. P. 216/17, 2 Sack Santos-Kaffee, Rohgew. 121 kg, Verp. 1 kg, Reingew. 120 kg, 1 kg RM. 5.—	600.—
"	14.	Emil Freund, Essen, begleicht seine Rechnung vom 7. d. M. Er sendet einen Wechsel Nr. 1 auf K. Roth, Duisburg, zum 16. 10. Aussteller E. Freund, Essen am 16. 9. Ordre Eigene . . . . . . RM. 95.— Scheck Nr. 2 auf Reichsbank Essen . . . . „ 142.60 1% gekürzt . . . . „ 2.40	240.—
"	14.	Lohn an den Chauffeur bezahlt	90.—
"	14.	1000 kg Benzin, 100 kg zu RM. 35.— gegen bar gekauft	350

RM.

Okt. 14. Joh. Kiefer & Cie., Hamburg, belasten mich lt. Brief für Diskontspesen 35.75

„ 15. van Rees, Burcksen & Bosmann's Handelsmaatschappy, Rotterdam, senden durch Kahn Wilhelmine unfrankiert, gegen 2 Monatsakzept oder bar mit 1 % Abzug
R. B. 2430/44, 15 Sack Kaffee, Caracas Type 3, Rohgew. 1095 kg, Verp. 15 kg, Reingew. 1080 kg, ½ kg fl. 0.86 = fl. 1857.60 zu RM. 1.70 . . . . . . 3157.90
(Siehe 20.)

„ 16. Wechsel Nr. 1 auf K. Roth, Duisburg, wird einkassiert 95.—

„ 17. Joh. Kiefer & Cie., Hamburg, erhalten Diskontspesen bar 35.75

„ 17. A. Schaaffhausenscher Bankverein, hier, erhält Nr. 2 Scheck auf Reichsbank (Wert 18. 10.) 142.60

„ 20. Unkosten auf Kaffee von Rotterdam:
Zoll auf 1080 kg, 100 kg RM. 130.— RM. 1404.—
Fracht . . . . „ 13.50
sonstige Unkosten . . . . „ 4.50 1422.—
hier gewogen 1080 kg. Was kostet 1 kg?

„ 22. A. Müller, hier, erhält gegen seine Zahlung W. P. 218/21, 4 Sack Santos-Kaffee, Rohgew. 242 kg, Verp. 2 kg, Reingew. 240 kg, 1 kg zu RM. 5— RM. 1200.—
1 Kiste van Houtens Kakao zu 24/2 Büchsen zu RM. 2.— . . . . „ 48.— 1248.—

„ 23. ruft A. Müller, hier, telephonisch an, daß 2 kg Santos-Kaffee gefehlt haben (W. P. 218). Er erhält zurück in bar 10.—
und ich belaste Wilh. Prinz, Hamburg, mit . . . . 9.—

„ 24. Karl Lorenz, Cleve, überweist durch die Reichsbank meinem Konto bei A. Schaaffhausenscher Bankverein
RM. 2970 —
+ 1 % Abzug „ 30.— 3000.—
(Wert 26. 10.)

„ 24. Karl Lorenz, Cleve, bestellt und empfängt durch Auto frei, gegen 2 Monatsakzept oder 1 % Abzug bei Barzahlung R. B. 4030/33, 4 Sack Caracas-Kaffee, Rohgew. 292 kg, Verp. 4 kg, Reingew. 288 kg, 1 kg RM. 4.90
RM. 1411.20
J. K. & Cie., 400/9, 10 Kisten Sultana-Rosinen; Rohgew. 111 kg, Verp. 11 kg, Reingew. 100 kg zu RM. 130.— . . . „ 130.—
2 Kisten van Houtens Kakao je 24/2 Büchsen = 48 Büchsen zu RM. 2.— . „ 96.— 1637.20

„ 26. Arnold Winter, Lübeck, sendet durch die Bahn unfrankiert gegen 2 Monatsakzept
30 Kisten van Houtens Royal-Kakao von 48/4 Kilo-Schachteln, 1440 Schachteln zu RM. 0.65 . . . . 936.—

„ 27. A. Fechner, Danzig, teilt mit, daß er im Auftrage der Firma A. Winter, Lübeck . . . . 408.—
zum 30. 11. auf mich gezogen hat, ich nehme den Wechsel an, Zahlstelle Schaaffhausenscher Bankverein. Nr. 2

RM.

Okt. 28. Fracht auf Kakao 21.60

„ 28. Lohn an den Chauffeur . . . . 90.—

„ 29. Georg Wohlgemuth, hier, empfängt frei Haus, Ziel 2 Monate oder gegen bar mit 1 % Abzug
2 Kisten van Houtens Kakao je 24/2 Kilo-Büchsen = 48 Büchsen zu RM. 2.— . . . . 96.—

„ 29. Ernst Schwertfeger, Gelsenkirchen, empfängt frei Haus, gegen Kasse mit 1 % Abzug
J. K. & Cie., 410/19, 10 Kisten Sultana-Rosinen, Rohgew. 111 kg, Verp. 11 kg, Reingew. 100 kg,
100 kg RM. 130.— 130.—
W. P. 222/25, 4 Sack Santos-Kaffee, Rohgew. 242 kg, Verp. 2 kg, Reingew. 240 kg, 1 kg RM. 5.— . . . . . „ 1200.— 1330.—
(Siehe 9. 11.)

„ 29. A. Schaaffhausenscher Bankverein, hier, sendet in meinem Auftrag an van Rees, Burcksen, Bosman's Handelsmaatschappy, Rotterdam, fl. 1857.60, ·/· 1 % fl. 1839.— zu RM. 1.70 . . . . RM. 3126.30
(Wert 29. 10.) + Spesen . . . . „ 2.— 3128.30

„ 30. Für Autoreparaturen bezahlt . . . . 300.—

„ 31. Im Laufe des Monats für den Haushalt entnommen bar 450.—

„ 31. Gehalt an den Handlungsgehilfen . . . . . . 120.—
Vergütung an den Lehrling . . . . 20.—
Lichtrechnung . . . . 22.—
Krankenkasse und Angestelltenversicherung, Steuermarken 29.—
Schreiner Hirsch, hier, zeigt die quittierte Rechnung über ausgeführte Arbeiten im Lager vor, er erhält Scheck Nr. 3402, auf den A. Schaaffhausenschen Bankverein über (Wert 31. 10.) . . . . 78.—

Monatsabschluß. Jahresabschluß.

Für den Jahresabschluß dienen folgende Angaben:

A. Schaaffhausen sendet auf Wunsch den Kontokorrentauszug:
Zinsen zu meinen Gunsten 5 %. 19.10
1/6 % Vergütung von RM. 12112.60 zu meinen Lasten . . . 20.20
Porto zu meinen Lasten 3.20

Warenbestand.

Sultana-Rosinen.

30 Kisten Extrissima Karaburun, Rohgew. 333 kg, Verp. 33 kg, Reingew. 300 kg, % kg zu RM. 110.— . . . . 330.—

Kaffee.

11 Sack Caracas, K. B. 4034/44, Rohgew. 803 kg, Verp. 11 kg, Reingew. 792 kg, 1 kg zu RM. 4.25 . . . . 3366.—

Kakao.

van Houtens Royal, 30 Kisten 48/4 kg Schachteln = 1440 Schachteln zu RM. 0.65 . . . . 936.—

Kasse lt. Kassenbuch, Einrichtung lt. Hauptbuch abz. 1 % Abschreibung, Schuldner lt. Personenbuch. Fuhrpark 2 % Abschreibung. Bankkonto lt. Hauptbuch

		RM.
Schuldwechsel (Akzepte).		
Nr. 1. J. Kiefer & Cie. zum 9. 11.		550.—
„ 2. A. Fechner zum 30. 11.		408.—
Gläubiger lt. Personenbuch.		

16. Buchungsgang mit Abschluß.

Fortsetzung des 15. Buchungsganges.

			RM.
Nov.	1.	Ich beantrage die Eröffnung eines Kontos beim Postscheckamt Essen und zahle mittels Zahlkarte	50.—
		Ich bitte um Übersendung von 200 Zahlkarten mit Vordruck, 1 Scheckheft und 50 Überweisungsvordrucken.	
„	2.	Der Buchhalter Franz Schwarz erhält für eine Geschäftsreise	150.—
„	2.	Für Portokasse	75.—
„	3.	Bei dem A. Schaaffhausenschen Bankverein werden bar abgehoben (Wert 3. 11.)	1000.—
„	4.	Mein Buchhalter überschreibt folgende Aufträge: Hans Heinrich, Steele, frei Haus, netto Kasse R. B. 4034/37, 4 Sack Caracas-Kaffee, Rohgew. 292 kg, Verp. 4 kg, Reingew. 288 kg, 1 kg RM. 4.90 . . .	1411.20
„	4.	Leopold Meyer, Herne, frei Haus, gegen 2 Monatsakzept, Diskontspesen zu seinen Lasten: 5 Kisten van Houtens Royal-Kakao je 48/4 Kilo-Schachteln = 240 Schachteln zu RM. 0.80 . . . . . . (Siehe 12.)	192.—
„	5.	1500 kg Benzin, 100 kg zu RM. 35.— gegen bar gekauft . . . . RM. 525.— 60 l Öl gegen bar gekauft RM. 1.10 . „ 66.—	591.—
„	5.	Postscheckamt Essen sendet die bestellten Vordrucke (Kontonummer 8420).	
„	5.	Der Buchhalter gibt Abrechnung über seine Reise und gibt zurück	60.—
„	6.	trifft der angenommene Wechsel Nr. 3 von Leopold Meyer, Herne, ein zum 4. 1.	192.—
„	7.	Gebrüder Janssen & Cie., Hamburg, senden Rechnung gegen Kasse innerhalb 8 Tagen mit 1% Abzug, G. J. & Cie. 790/99, 10 Kisten Souchong-Tee, Reingew. 250 kg, 1 kg RM. 6.—	1400.—
		Die Rechnung wird wegen eines Rechenfehlers zurückgeschickt und um eine richtiggestellte gebeten. (Siehe 12.)	
„	8.	van Rees, Burcksen & Bosman's Handelsmaatschappy, Rotterdam, senden durch Kahn Siegfried unfrankiert, gegen 2 Monatsakzept oder bar mit 1% Abzug: R. B. 3160/69, 10 Sack Santos-Kaffee Superior, Rohgew. Cwt 11. 4. 8, Verp. 1 qu, Reingew. Cwt 11. 3. 8, 1 Cwt zu 119/— = £ 70.6.9 (Siehe 12.) zu RM. 20.40 = (1 Cwt 50,8 kg, Cwt 11. 3. 8 = 600 kg.)	1434.85
„	9.	Unkosten auf Tee	14.25

			RM.
Nov.	9.	A. Schaaffhausenscher Bankverein teilt mir mit, daß sie den heutfälligen Wechsel eingelöst haben (Wert 9. 11.)	550.—
„	9.	Ernst Schwertfeger, Gelsenkirchen, bezahlt Rechnung vom 29. 10., er kürzt 1% von RM. 1330.— RM. 13.30 und sendet Nr. 4 Scheck auf London über £ 12. 15 zu RM. 20.40 . . . . . „ 260.10 und überweist durch die Reichsbank auf A. Schaaffhausen . . . . „ 1056.60 (Wert z. 10. 11.)	1330 —
„	10.	H. Bautzmann, hier, liefert eine Schreibmaschine gegen bar	350.—
„	11.	Karl Lorenz, Cleve, erhält Ziel 2 Monate oder 1% Abzug bei Barzahlung 10 Kisten van Houtens Royal-Kakao zu 48/4 kg = 480 Schachteln zu RM. 0.80	384.—
„	11.	Lohn an den Chauffeur	90.—
„	11.	Entnahme bei der Bank . . . . (Wert z. 11. 11.)	1500.—
„	12.	Unkosten auf Kaffee von Amsterdam, Zoll auf 620 kg, % kg RM. 130.— . . . RM. 806.— Fracht . . . . „ 8.50 Unkosten . . . . „ 4.20 hier gewogen, Reingew. 620 kg. Wieviel kostet 1 kg hier?	818.70
„	12.	Hans Heinrich, Wanne, bezahlt die Rechnung vom 4. d. M. und überweist durch die Reichsbank auf A. Schaaffhausen z. 12. 11.	1411.20
„	12.	Gebr. Janssen & Cie., Hamburg, senden richtige Rechnung	1500.—
„	13.	Gebrüder Janssen & Cie., Hamburg, erhalten durch Überweisung auf Girokonto . . . . . RM. 1485.— + 1% Abzug „ 15.— (Wert 14. 11.)	1500.—
„	14.	Leopold Meyer, Herne, erhält Ziel 2 Monate gegen Akzept, Diskt. zu seinen Lasten: R. B. 3160/62, 3 Sack Santos Superior Kaffee, Rohgew. 187,5 kg, Verp. 1½ kg, Reingew. 186 kg, 1 kg RM. 4.15 . . . . RM. 771.90 G. J. & Cie. 790/91, 2 Kisten Souchong-Tee, Reingew. 50 kg, 1 kg RM. 7.— . „ 350.—	1121.90
„	14.	Ich ziehe auf ihn Nr. 5 und bitte, mir den Wechsel angenommen zurückzusenden (S. 18. 11.). (Rechnung v. 12.)	
„	14.	Einkommensteuer bezahlt	80.—
„	14.	Kleine Unkostenkasse	50.—
„	15.	Karl Lorenz, Cleve, bezahlt Rechnung vom 24. 10. und überweist auf Postscheckkonto . . . RM. 1620.85 + Abzug 1% „ 16.35	1637.20
„	15.	A. Schaaffhausenscher Bankverein erhält Nr. 4 Scheck auf London £ 12.15 Wechsel Nr. 3 auf Herne zum 4. 2. (am 17. buchen)	

			RM.
Nov. 16.	Emil Freund, Essen, erhält frei Haus gegen Kasse mit 1% Abzug G. F. & Cie. 792/94, 3 Kisten Souchong-Tee, Reingew. 75 kg, 1 kg RM. 7.—	RM. 525.—	
	R. B. 3163/66, 4 Sack Santos Superior-Kaffee, Rohgew. 250 kg, Verp. 2 kg, Reingew. 248 kg, 1 kg RM. 4.15 . .	„ 1029.20	1554.20
	(Siehe 22. 11.)		
„ 17.	A. Schaaffhausenscher Bankverein sendet Gutschrift Scheck Nr. 4 auf London £ 12. 15 zu . . . . RM. 20.55	RM. 262.—	
	Wechsel Nr. 3 auf Herne zum 4. 1. . . . . . . „ 192.—		
	13% Diskont für 48 Tage . . . . . „ 3.35	„ 188.65	450.65
	(Wert 16. 11.)		
„ 18.	Ich belaste Leopold Meyer, Herne, für Diskontspesen		3.35
„ 20.	Leopold Meyer, Herne, sendet Wechsel Nr. 5 z. 14. 1.		1125.25
„ 20.	Ich überweise vom Postscheckkonto auf Bankkonto Wert 20. 11.		1500.—
„ 20.	Mein Buchhalter Schwarz erhält für eine Geschäftsreise		100.—
„ 20.	Adolf Eckhardt, Bochum, befindet sich in Zahlungsschwierigkeiten, er hat seinen Gläubigern einen außergerichtlichen Vergleich unter folgenden Bedingungen vorgeschlagen: 40% der Forderungen werden gestrichen, 30% zahlt er sofort in bar und für 30% gibt sein Schwiegervater, Albert Martin, Dortmund, sein Akzept; ich gehe auf seinen Vorschlag ein. (Siehe 22.)		
„ 20.	Wilhelm Prinz, Hamburg, sendet durch die Bahn unfrankiert, gegen 2 Monatsakzept, bei Barzahlung 1% Abzug, Kaffee, W. P. 417/31, 15 Sack Santos, Rohgew. 907,5 kg, Verp. 7,5 kg, Reingew. 900 kg, 1 kg zu RM. 4.60		4140.—
„ 20.	Arnold Winter, Lübeck, sendet durch die Bahn unfrankiert, gegen 2 Monatsakzept 10 Kisten van Houtens Kakao je 24/2 Büchsen, 240 Büchsen zu RM. 1.70 .		408.—
„ 21.	Fracht auf Kaffee von Hamburg		51.90
„ 21.	„ „ Kakao „ Lübeck		7.20
„ 21.	Mein Buchhalter sendet folgende Aufträge zur sofortigen Erledigung:		
	Erwin Brandenburg, Bochum, frei Haus, netto Kasse (Siehe 27.) Santos-Kaffee, 1 kg zu RM. 5.30 (W. P. 417/21, 5 Sack, Rohgew. 302,5 kg, Verp. 2,5 kg, Reingew. 300 kg) . . .	RM. 1590.—	
	10 Kisten van Houtens Royal-Kakao je 48/4 Kilo-Schachteln = 480 Schachteln zu RM. 0.80	„ 384.—	1974.—
„ 21.	Geschwister Schmidt, Nachf., Langendreer, Ziel 2 Mte oder gegen Kasse mit 1% Abzug		

			RM.
	2 Kisten Souchong-Tee (G. J. & Cie., 795/96, Reingew.		
	50 kg), 1 kg RM. 7.—		350.—
Nov. 22.	Adolf Eckhardt, Bochum, sendet 30% der Forderung von		
	RM. 600.— in bar	RM. 180.—	
	und fügt den angenommenen Wechsel Nr. 6		
	seines Schwiegervaters Albert Martin,		
	Dortmund, z. 15. 12. bei	„ 180.—	
	40% Verlust	„ 240.—	600.—
„ 22.	Emil Freund, Essen, bezahlt seine Rechnung vom 16. d. M.		
	und überweist durch Reichsbank auf		
	A. Schaaffhausen	RM. 1538.65	
	+ 1% Abzug	„ 15.55	1554.20
	(Wert 23. 11.).		
„ 23.	Der Buchhalter erteilt Abrechnung über seine Geschäftsreisen und gibt zurück		25.—
„ 23.	Erwin Brandenburg, Bochum, teilt mit, der Buchhalter habe ihm den Santos-Kaffee zu RM. 5.25 für 1 kg verkauft und bittet um Gutschrift. Ich bitte um Entschuldigung und schreibe gut		15.—
„ 24.	A. Schaaffhausenscher Bankverein erhält		
	Wechsel auf Herne zum 12. 12. Nr. 5		1125.25
	„ „ Dortmund zum 15. 12. Nr. 6		240.—
	(Siehe 26.)		
„ 25.	Arnold Winter, Lübeck, erhält auf seinen Wunsch den angenommenen Wechsel Nr. 3 zum 26. 1. 19.., zahlbar bei A. Schaaffhausenscher Bankverein		936.—
„ 25.	J. Schurz, hier, erhält gegen Kasse W.P. 422/26, 5 Sack Santos-Kaffee, Rohgew. 302,5 kg, Verp. 2,5 kg, Reingew. 300 kg, 1 kg RM. 5.30		1590.—
	und gibt dafür einen Scheck Nr. 7 auf den A. Schaaffhausenschen Bankverein. „Nur zur Verrechnung" . .		1590.—
	(Siehe 28.)		
„ 26.	A. Schaaffhausenscher Bankverein sendet Gutschrift über Wechsel		
	auf Herne zum 14. 1. Nr. 5	RM. 1125.25	
	„ Dortmund zum 15. 12. Nr. 6 . .	„ 240.—	
		RM. 1365.25	
	(Wert 25./11.) 13% Diskont	„ 21.65	1343.60
„ 26.	Lohn an den Chauffeur		90.—
„ 27.	Ich belaste Leopold Meyer, Herne, für Diskontspesen auf Wechsel Nr. 5		19.90
„ 27.	Erwin Brandenburg, Bochum, sendet als Wertbrief Wechsel Nr. 8 auf L. Schneider, hier, zum 29. 11. Aussteller		
	A. Frisch, Dortmund.	RM. 325.—	
	Nr. 9 Scheck auf Paris frs. 810.— zu 21.80	„ 176.60	
	und überweist durch die Reichsbank auf		
	A. Schaaffhausen. (Wert 27. 11.) . .	„ 1457.40	1959.—

		RM.
Nov. 28.	A. Schaaffhausenscher Bankverein erhält Scheck Nr. 7 . Scheck Nr. 9 auf Paris frs. 810.— (S. 30.)	1590.—
„ 28.	Wilhelm Prinz, Hamburg, erhält den Betrag der Rechnung vom 20. 11. durch Überweisung auf Girokonto . . . . RM. 4089.70 (Wert 30. 11.) + 1% Abzug „ 41.30	4131.—
„ 29.	Wechsel Nr. 8 wird einkassiert	325.—
„ 29.	G. J. & Cie. 797/99, 3 Kisten Souchong-Tee, Reingew. 75 kg, 1 kg RM. 7.— gegen bar verkauft . .	525.—
„ 30.	A. Schaaffhausenscher Bankverein sendet Gutschrift über Scheck Nr. 9 auf Paris frs. 810.— zu ℳ 21.50 . . . . RM. 174.15 Scheck Nr. 7 zur Verrechnung (Wert 30. 11.) „ 1590.—	1764.15
„ 30.	Geschw. Schmidt Nachfolg., Crefeld, überweisen auf Postscheckkonto . . . . RM. 346.50 + 1% Abzug „ 3.50	350.—
„ 30.	Krankenkasse, Steuermarken, Angestelltenversicherung .	32.—
„ 30.	Umsatzsteuer bezahlt	150.—
„ 30.	Gewerbesteuer bezahlt	80.—
„ 30.	Autoreparaturen	200.—
„ 30.	A. Schaaffhausen, hier, löst Akzept Nr. 2 ein . . . (Wert 30. 11.)	408.—
„ 30.	Ich verkaufe gegen bar 3 Sack Santos Superior-Kaffee R. B. 3167/69 Rohgew. 187,5 kg, Verp. 1,5 kg, Reingew. 186 kg, 1 kg RM. 4.15	771.90
	5 Kisten van Houtens Royal-Kakao zu 48/4 Kiloschachteln = 240 Schachteln zu RM. 0.80	192.—
	5 Sack Santos-Kaffee W. P. 427/31, Rohgew. 302,5 kg, Verp. 2,5 kg, Reingew. 300 kg, 1 kg RM. 5.25 . .	1575.—
„ 30.	A. Schaaffhausen, hier, erhält bar (Wert 30. 11.) . .	2200.—
„ 30.	A. Schaaffhausen, hier, erteilt Abrechnung für die Zahlung an van Rees, Burcksen Bosman's Handelsmaatschappy Rotterdam £ 70. 6. 9. — 1% = £ —.14.1. = £ 69.12.8 zu RM. 20.55 . . . . RM. 1430.95 + Spesen „ 2.—	1432.95
„ 30.	Postscheckamt Cöln sendet Gebührenzettel	2.40
„ 30.	Für Haushalt im Laufe des Monats entnommen . .	480.—
	Gehalt für den Handlungsgehilfen	120.—
	Vergütung an Lehrling	20.—
	Lichtrechnung	28.—
„ 30.	A. Schaaffhausen sendet auf meinen Wunsch Kontoauszug: 5% Zinsen zu meinen Gunsten . . . RM. 14.65 1/6% Vergütung zu meinen Lasten von RM. 12722.25 . . . . „ 21.20 Porto . . . . „ 4.95	26.15

Monatsabschluß. Jahresabschluß. Vermögensaufstellung.

RM.

Besitz.

Kasse laut Kassenbuch.

Kaffee.

R. B. 4038/44, 7 Sack Caracas, Rohgew. 511 kg, Verp. 7 kg, Reingew. 504 kg, 1 kg RM. 4.25 . . . . 2142.—

Sultana-Rosinen.

J. K. Cie. 420/49, 30 Kisten Extrissima Karaburun, Rohgew. 333 kg, Verp. 33 kg, Reingew. 300 kg, 100 kg RM. 110.— 330.—

Kakao.

10 Kisten van Houtens zu 24/2 Kilobüchsen = 240 Büchsen zu RM. 1.70 . . . . 408.—

Fuhrpark.

laut Hauptbuch abz. 2% Abnutzung.

Einrichtung.

laut Hauptbuch abz. 1% Abnutzung.

Schuldner.

laut Personenbuch.

Bankkonto.

Postscheckkonto.

Schulden.

Schuldwechsel (Akzepte).

Gläubiger laut Personenbuch.

17. Buchungsgang.[1])

Erwin Gebhardt, Aachen, eröffnet am 1. Dezember 19.. eine Tuch-Großhandlung.

Besitz.

Kasse.

Barbestand . . . . 22000.

Waren.

Damentuche.

2 Stück	blau Nr. 106, 96,2 m z.	RM. 15.—	RM. 1443.—	
3 „	schwarz Nr. 96, 144,5 m z.	„ 18.—	„ 2601.—	
10 „	Cheviot blau Nr. 421, 332 m z.	„ 20.—	„ 6640.—	
3 „	Kammgarn schwarz Nr. 307, 150.2 m z.	„ 23.—	„ 3454.60	14138.60

Wertpapiere.

RM. 4000.— Harpener Bergbauaktien Kurs RM. 144.30 . . 5772.—

Einrichtung.

laut Verzeichnis . . . . 3500.—

Summe RM. 45410.60

1) In den folgenden Buchungsgängen können die Vorfälle sehr gekürzt werden, indem man den Text aufs notwendigste beschränkt, z. B. bei den Ein- und Verkaufsbuchungen nur „lt. Rechnung Nr..“ bemerkt.

RM.

Schulden.

Schuldwechsel (Akzepte).

Nr. 50 A. & F. Beil, Aachen, zum 15. 12. . . . . 2601.—

Gläubiger.

Adolf Pferdmenges, Kettwig . . . . . . RM. 1443.—
Phul & Cie., Greiz . . . . „ 6640.— 8083.—
Summe RM. 10684.—

Übersicht.

Besitz RM. 45410.60
Schulden „ 10684.—
Kapital RM. 34726.60

Aachen, den 1. Dezember 19 . . . Erwin Gebhardt

Dez. 1. Hans Ortwein, Düsseldorf, empfängt Ziel 1 Monat gegen meine Ziehung Nr. 1
1 Stück Damentuch blau Nr. 106, 47 m zu RM. 18.50 — 869.50
1 „ Cheviot blau Nr. 421, 53 m zu RM. 25.— — 1325.—
2194.50

„ 1. Rheinisch-Westfälische Diskontogesellschaft eröffnet mir gegen Zahlung von RM. 20000.— ein Konto. Bedingungen: Soll 12%, Haben 5% Zinsen, 1/8% Vergütung (Wert 1. 12.)

„ 2. Für die Portokasse . . . . 100.—

„ 2. Mein Reisender Albert Wohlleben erhält für eine Geschäftsreise . . . . 200.—

„ 3. Gebr. Martens, M.-Gladbach, senden gegen Kasse
2 Stück Steifleinen 75 cm breit 85,5 m zu RM. 2.50 (Siehe 7.) 213,75

„ 4. Der Wechsel Nr. 1 von Ortwein, Düsseldorf, z. 1. Jan. geht ein 2194.50

„ 4. Ernst Wintzen, M.-Gladbach, sendet Ziel 1 Monat gegen seine Ziehung
3 Stück Buckskin Nr. I, 225 m zu RM. 10.— . . 2250.—

„ 4. Georg Schlink, hier, Schneider, erhält:
Nr. 421, 20 m Cheviot zu RM. 25.— RM. 500.—
„ 307, 10 m Kammgarn zu RM. 30.— „ 300.—
10 m Buckskin I zu RM. 13.— . . . . „ 130.—
10 m Steifleinen zu RM. 3.— . . . . „ 30.— — 960.—
Er zahlt bar darauf . . . . 900.—

„ 5. Fracht auf Sendungen von M.-Gladbach 4.50

„ 5. sendet mein Reisender folgende Aufträge, die sofort erledigt werden:
Gegen Kasse mit 1% Abzug (Siehe 12.)
Eugen Linke, Düsseldorf:
Nr. 96, 1 Stück Damentuch schwarz 60 m zu RM. 23.— 1380.—

			RM
		Robert Hartwig, Düsseldorf:	
		1 Stück Buckskin Nr I, 75 m zu RM. 12.50 RM. 937.50	
		Nr. 307, 24 m Kammgarn schwarz z.	
		RM. 29.— . . . . „ 696.—	1633.50
		gegen meine Ziehung Nr. 2 zum 5. Jan. (Siehe 7.)	
Dez.	6.	Phul & Cie., Greiz, senden Ziel 1 Monat oder gegen bar innerhalb 8 Tagen mit 1% Abzug:	
		5 Stück Cheviot schwarz Nr. 206, 290 m zu RM. 18.—	5220.—
„	6.	Gebr. Martens, M.-Gladbach, senden Ziel 1 Monat oder gegen bar innerhalb 14 Tagen mit 1% Abzug:	
		5 Stück Wattierleinen Nr. II, 320 m zu RM. 2.— . .	640.—
„	6.	Phul & Cie., Greiz, ich überweise durch die Rhein.-Westfäl. Diskontogesellschaft auf Reichsbankgirokonto . . . . RM. 6573.60	
		+ 1% Abzug „ 66.40	6640.—
		(Wert 7. 12.)	
„	7.	Gebr. Martens, M.-Gladbach, erhalten einen Scheck Nr. 4064 auf Rhein.-Westfäl. Diskontogesellschaft (Wert 7. 12.)	213.75
„	7.	Fracht auf Sendung von M.-Gladbach RM. 8.40	
		auf Sendung von Greiz . . . . . „ 27.—	35.40
„	7.	Robert Hartwig, Düsseldorf, sendet den angenommenen Wechsel zum 5. Jan. Nr. 2	1633.50
„	7.	Mein Reisender sendet folgende Aufträge:	
		Arnold Günther, Cöln, Ziel 1 Monat oder gegen Kasse innerhalb 8 Tagen mit 1% Abzug:	
		Nr. 106, 1 Stück Damentuch blau 49.2 m zu RM. 18.50	910.20
		„ 421, 1 „ Cheviot blau 55 m zu RM. 25.—	1375.—
		„ 206, 1 „ „ schwarz 50 m zu RM. 23.—	1150.—
		1 Stück Wattierleinen Nr. 2, 62 m zu RM. 2.40 . .	148.80
			3584.—
		Gebr. Meißner Nachf., Euskirchen, Ziel 30 Tage mit 1% Abzug:	
		Cheviot blau Nr. 421, 2 Stück 112 m zu RM. 25.—	2800.—
„	8.	Ernst Wintzen, M.-Gladbach, empfängt den angenommenen Wechsel Nr. 51 zum 4. Jan. 19 . ., zahlbar bei der Rhein.-Westf. Diskontogesellschaft	2250.—
„	8.	Der Reisende liefert den Rest der Reisespesen ab . .	32.—
„	8.	Kleine Unkostenkasse	80.—
„	8.	Die Druckerei von Albert Hansen, hier, liefert Drucksachen zu Werbezwecken für	175.—
„	8.	Rhein.-Westf. Diskontogesellschaft erhält Wechsel Nr. 1 Düsseldorf zum 1. Jan.	2194.50
		Nr. 2 auf Düsseldorf zum 5. Jan.	1633.50
		(Siehe 10.)	
„	9.	Arnold Günther, Cöln a. Rh., schreibt, daß in die Kiste Tuch ein Nagel eingedrungen sei und den Rand eines Stückes Damentuch blau (49.2 m) Nr. 106 vollkommen durchlöchert habe. Er fragt an, was damit geschehen soll.	

		RM.
Dez. 9.	bezahle ich an die hiesigen Zeitungen für Anzeigen zu Werbezwecken	140.—
„ 9.	Schreinermeister Herbert, hier, liefert die Rechnung über angefertigte Kontormöbel	950.—
	Er kauft 5 m Damentuch schwarz Nr. 96 zu RM. 24.—	120.—
	$3\frac{1}{2}$ m Cheviot blau Nr. 421 zu RM. 25.— . . .	87.50
		742.50
	Für den Rest seines Guthabens erhält er abzüglich 1%	7.50
	einen Scheck Nr. 4065 auf die Rhein.-Westf. Diskontogesellschaft über . . . . (Wert zum 9. Dez.)	735.—
„ 10.	Rhein.-Westf. Diskontogesellschaft, hier, sendet Gutschrift der Wechsel RM. 2194.50 zum 1. Jan. „ 1633.50 „ 5. „ RM. 3828.— 11% von 936 „ 28.60 (Wert 10. 12.)	3799.40
10.	J. Reinhard, hier, erhält:	
	Nr. 96, 1 Stück Damentuch schwarz 62 m zu RM. 23.—	1426.—
	Nr. 421, 1 Stück Cheviot blau 56 m zu RM. 25.— .	1400.—
		2826.—
10.	Er zahlt unter Abzug von 1% . . . RM. 28.25 mit Wechsel Nr. 3 auf Alfred Eichler, hier, z. 12. 12 . . . . „ 1750.— mit Wechsel Nr. 4 auf Joh. Linz, hier, z. 13. 12. . . . . „ 240.— für den Rest gibt er einen Scheck Nr. 5 auf das Bankhaus Kolter & Cie., hier . . „ 807.75	2826.—
„ 11.	Günther, Cöln, erhält von mir die Nachricht, daß ich bereit bin, ihm 5% auf RM 910.20 = RM. 45.50 zu erlassen, und hoffe ihn damit einverstanden. (Siehe 13.)	
„ 11.	Scheck Nr. 5 auf Kolter & Cie. wird einkassiert . . .	807.75
„ 12.	Wechsel Nr. 3 auf Eichler wird einkassiert	1750.—
„ 12.	Eugen Linke, Düsseldorf, zahlt Rechnung vom 5. RM. 1380.— 1% Abzug RM. 13.80 und überweist durch die Reichsbank auf Rhein.-Westf. Diskontogesellschaft (Wert 12. 12.)	1366.20
„ 13.	Wechsel Nr. 4 auf hier RM. 240.— wird vorgezeigt und nicht bezahlt.	
„ 13.	Arnold Günther, Cöln, ist mit dem Nachlaß einverstanden und zahlt seine Rechnung vom 7. RM. 3584.— Nachlaß „ 45.50 RM. 3538.50 1% Abzug „ 35.40 RM. 3503.10 und sendet einen	

			RM.
		Scheck Nr. 6 auf The Bank of England £ 17.15 zu RM. 20.40	362.10
		1 Scheck Nr. 7 auf Crédit Lyonnais Paris frs. 1250.60 zu RM. 21.50	268.85
		1 Scheck Nr. 8 auf Rhein.-Westf. Diskontogesellschaft „Nur zur Verrechnung“	2872.15
			3503.10
Dez.	13.	Phul & Cie., Greiz, erhalten den Betrag ihrer Rechnung vom 6. Ich überweise durch die Rhein.-Westf. Diskontogesellschaft auf Reichsbankgirokonto. (Wert 14. 12.) . . . . . RM. 5167.80 1% Abzug „ 52.20	5220.—
„	14.	Rhein.-Westf. Diskontogesellschaft erhält in bar . . . (Wert 14. 12.)	1500.—
„	14.	Für Protestkosten bezahlt	6.—
„	14.	J. Reinhard, hier, erhält den protestierten Wechsel auf Linz zurück. Er bezahlt denselben sofort nebst Kosten .	246.—
„	15.	Für Haushalt sind bisher entnommen	300.—
„	15.	Der heutfällige Wechsel Nr. 50 wird eingelöst . . .	2601.—
„	16.	Hans Ortwein, Düsseldorf, bestellt und empfängt Ziel 1 Monat gegen meine Ziehung Nr. 9	
		Nr. 96, 17,5 m Damentuch schwarz zu RM. 23.— .	402.50
		Nr. 421, 32,5 m Cheviot blau zu RM. 25.— . .	812.50
		„ 206, 48 m Cheviot schwarz zu RM. 23.— . . .	1104.—
		62 m Buckskin I zu RM. 12.50	775.—
			3094.—
		(Wechsel 19. buchen)	

Da der Bruder des Inhabers, Robert Gebhardt, als Teilhaber eintritt, ist ein Bücherabschluß vorzunehmen.

Vermögensaufstellung (Inventar) vom 16. Dezember 19..

Besitz.

Kasse		768.85
Waren		
Nr. 307, Kammgarn schwarz, 116,2 m zu RM. 23.—	RM. 2672.60	
„ 206 Cheviot schwarz, 192 m zu . „ 18.—	„ 3456.—	
Buckskin I 78 „ „ . „ 10.—	„ 780.—	
Wattierleinen II 258 „ „ „ 2.—	„ 516.—	
Steifleinen 75,5 m zu RM. 2.50	„ 188.75	7613.35
Wertpapiere.		
RM. 4000.— Harpener Bergbauaktien Kurs RM. 144.30 . .		5772.—
Wechsel.		
Scheck Nr. 6 auf The Bank of England £ 17.15 zu RM. 20.40	RM. 362.10	
Scheck Nr. 7 auf Crédit Lyonnais Paris frs. 1250.60 zu RM. 21.50	„ 268.85	
Scheck Nr. 8 auf Rheinisch-Westfälische Diskontogesellschaft	„ 2872.15	3503.10
	Übertrag	17657.30

		RM.
	Übertrag	17657.30
Einrichtung.		
lt. Buchwert	„ 4450.—	
abz. 1% Abnutzung	„ 44.50	4405.50
Schuldner.		
Rhein.-Westf. Diskontogesellschaft	RM.13975.45	
Hans Ortwein, Düsseldorf	„ 3094.—	
Georg Schlink, hier	„ 60.—	
Gebr. Meißner Nachf., Euskirchen	„ 2800.—	19929.45
	Gesamtbetrag des Besitzes:	41992.25

Schulden.

Schuldwechsel (Akzepte).		
Nr. 51. E. Wintzen, M.-Gladbach		2250.—
Gläubiger.		
Albert Hansen, hier	RM. 175.—	
Gebr. Martens, M.-Gladbach	„ 640.—	
Adolf Pferdmenges, Kettwig	„ 1443.—	2258.—
Kapital.		
Geschäftsvermögen		37484.25
	Gesamtbetrag der Schulden:	41992.25

Aachen, den 16. Dezember 19 . . Erwin Gebhardt.

18. Buchungsgang.

Fortsetzung des 17. Buchungsganges.

Das Geschäft wird unter der Firma Erwin Gebhardt & Cie. weitergeführt. Robert Gebhardt gibt als Einlagekapital RM. 10000.— in bar und RM 5000.— Aktien Felten & Guillaume, Kurs RM. 168.70 = RM. 8435.—. Jeder der Inhaber erhält seine Einlage zu 4% verzinst. Am Gewinne ist R. Gebhardt mit $^2/_5$, E. Gebhardt mit $^3/_5$ beteiligt.

Vermögensaufstellung der Firma Erwin Gebhardt & Cie.
am 17. Dezember 19 .

Besitz.

Kasse		10768.85
Waren		7613.35
Wertpapiere		
RM. 4000.— Harpener Bergbauaktien, Kurs RM. 144.30	RM. 5772.—	
RM. 5000.— Aktien Felten & Guillaume, Kurs RM. 168.70	„ 8435.—	14207.—
Wechsel		3503.10
Einrichtung		4405.50
Schuldner		19929.45
	Gesamtbetrag des Besitzes	60427.25

	RM.
Schulden.	
Schuldwechsel	2 250.—
Gläubiger	2 258.—
Kapital Erwin Gebhardt	37 484.25
Kapital Robert Gebhardt	18 435.—
Gesamtbetrag der Schulden	60 427.25

Aachen, den 17. Dezember 19 . .

Erwin Gebhardt. Robert Gebhardt.

Das Kapital ist in das Inventar mit eingesetzt, um die Aufstellung einer Bilanz zu ersparen.

Dez. 17. Rhein.-Westf. Diskontogesellschaft erhält 3 Schecks Nr. 6, 7 und 8 (Siehe 19. 12.)

„ 17. Hch. Bettmann Söhne, Rheydt, senden Ziel 1 Monat gegen ihre Ziehung mit 1% Abzug (Siehe 24).

5 Stück Zanella 00 120 cm breit, 380 m zu RM. 5.—	1 900.—
3 Stück Serge I 140 cm breit, 160,4 m zu „ 10.—	1 604.—
	3 504.—

„ 17. Entnahme bei d. Rhein.-Westf. Diskontobank	6 000.—

„ 17. Das Geschäftshaus, in welchem wir wohnen, ist unter günstigen Bedingungen zu kaufen. Wir übernehmen es zu dem Kaufpreise von RM. 80 000.— von A. Scheulen, hier. Wir zahlen durch Scheck auf die Rhein.-Westf. Diskontogesellschaft,

Nr. 4066 (Wert 17. 12.)	5 271.70
bar	10 000.—
RM. 4000.— Harpener Bergbauaktien, Kurs RM. 144.50	5 780.—
RM. 5000.— Aktien Felten & Guillaume, Kurs RM. 168.70	8 435.—
Scheulen ersetzt Hypothekenzinsen f. 77 Tage zu 8% v. RM. 30 000	513.30
Ferner übernehmen wir die auf dem Hause ruhende I. Hypothek zu 8%	30 000.—
Der jetzige Besitzer läßt die restlichen	20 000.—
	80 000.—

als II. Hypothek zu 9% auf dem Hause stehen.

Die Hypothekenzinsen werden am 1. Oktober und 1. April bezahlt.

Das Haus ist vermietet:

Laden mit Wohnung zu RM. 3000.—, I. Stock zu RM. 840.—, II. Stock zu RM. 720.—, III. Stock zu RM. 600.—.

„ 17. Unkosten für den Hauskauf

7½% Umsatzsteuer von RM. 80 000.—	RM. 6000.—	
Gerichts- und Notarkosten	„ 400.—	6 400.—

„ 17. Gebr. Herzer Nachf., Lennep, senden 6 Stück Tuche in Konsignation, 406,4 m in verschiedenen Farben zum Durchschnittspreis von RM. 16.— das Meter. Wir erhalten für unsere Bemühungen 5% Verkaufsvergütung, 1% Haftungsgebühr und die baren Auslagen.

		RM.
Dez. 17.	Fracht auf die Konsignationssendung	17.—
„ 18.	Fracht auf Zanella	7.50
„ 18.	Eugen Linke, Düsseldorf, bestellt und empfängt gegen Kasse mit 1% Abzug (Siehe 24.)	
	Nr. 206, 1 Stück Cheviot schwarz 60 m zu RM. 23.— . . . . RM. 1380.—	
	Buckskin I, 78 m zu RM. 12.50 . . „ 975.—	
	1 Stück Zanella 00, 72 m zu RM. 6.25 „ 450.—	2805.—
„ 19.	Gebr. Martens, M.-Gladbach, erhalten den Betrag der Rechnung vom 6. RM. 640.— abz. 1% = RM. 6.40 .	633.60
	Scheck a/die Rhein.-Westf. Diskontogesellschaft Nr. 4067 (Wert 19. 12.)	
„ 19.	Hans Ortwein, Düsseldorf, sendet den angenommenen Wechsel zum 16. 1. Nr. 9	3094.—
„ 19.	Rhein.-Westf. Diskontogesellschaft sendet Gutschrift der Schecks vom 17.	
	Nr. 6, £ 17.15 zu RM. 20.50 . . RM. 363.90	
	Nr. 7, frs. 1250.60 zu RM. 21.50 . „ 268.85	
	Nr. 8, Nur zur Verrechnung. . . . „ 2872.15	3504.90
	(Wert 18. 12.)	
„ 20.	Hch. Bettmann Söhne, Rheydt, erhalten den Betrag der Rechnung vom 17. RM. 3504.— abz. 1% RM. 35.—	3469.—
	in einem angenommenen Wechsel Nr. 52 zahlbar bei der Rhein.-Westf. Diskontogesellschaft zum 17. Januar	
„ 21.	Für die Portokasse	95.—
„ 22.	Postscheckamt Cöln erhält zur Eröffnung eines Postscheckkontos in bar	100.—
„ 22.	Für bauliche Veränderungen im Laden, Lager usw. bezahlt	280.—
„ 24.	Postscheckamt Cöln sendet die bestellten Drucksachen (Kontonummer 8240).	
„ 24.	Eugen Linke, Düsseldorf, bezahlt die Rechnung vom 18. RM. 2805.— abz. 1% Abzug RM. 28.— und überweist auf Postscheckkonto	2777.—
„ 26.	Unser Reisender Wohlleben erhält für eine Geschäftsreise	120.—
„ 28.	Verkauf gegen Kasse an Verschiedene vom Kommissionswarenlager 1 Stück Tuch 70 m zu RM. 20.— . . .	1400.—
	Von unserem Lager:	
	Nr. 307, 10 m Kammgarn schwarz zu RM. 30.— .	300.—
	12 m Serge zu RM. 13.—	156.—
	1 Stück Wattierleinen II, 60 m zu RM. 2.40 . . .	144.—
		600.—
„ 29.	Unser Reisender sendet folgende Aufträge:	
	Adolf Erkens, Dortmund, Ziel 1 Monat gegen unsere Ziehung: vom Kommissionswarenlager	
	2 Stück Tuch 135 m zu RM. 20.—	2700.—
	von unserem Lager	
	Nr. 206, 1 Stück Cheviot schwarz 60 m zu RM. 23.—	1380.—
		4080.—

RM.

Josef Höffgen, Dortmund, Ziel 1 Monat oder gegen Kasse mit 1% Abzug
vom Kommissionswarenlager
2 Stück Tuch 133,4 m zu RM. 20.— . . . . . . 2668.—
von unserem Lager
Nr. 206, 1 Stück Cheviot schwarz 72 m zu RM. 23.— . . . . RM. 1656.—
Nr. 307, 18 m Kammgarn schwarz zu RM. 30.— . . . . „ 540.— 2196.—
4864.—

Hch. Rother, Essen, gegen Kasse
vom Kommissionswarenlager
1 Stück Tuch 68 m zu RM. 19.— . . . . 1292.—

Dez. 31. Gehalt an den Reisenden. . . . . 250.—
„ 31. Für Licht und Wasser wird bezahlt . . . . . . 64.—
„ 31. Postscheckamt Cöln sendet Gebührenrechnung 3.50
„ 31. Erwin Gebhardt hat entnommen . . . . 500.—
„ 31. Robert Gebhardt hat entnommen . . . . 500.—
„ 31. Unser Reisender A. Wohlleben erteilt Abrechnung und gibt zurück . . . . 10.—
„ 31. Gebr. Herzer Nachf., Lennep, erhalten Abrechnung über verkaufte Tuche. . . . . 8060.—
abzüglich Unkosten:
5% Verkaufsvergütung . . . . RM. 403.—
1% Haftungsgebühr a/RM. 5368.— Zielverkäufe . . . . „ 53.70
Fracht . . . . „ 17.— 473.70
Reinertrag zum 19. Januar: 7586.30
„ 31. Steuermarken bezahlt . . . . 19.—
„ 31. Rhein.-Westf. Diskontogesellschaft sendet auf Wunsch Kontokorrentauszug 5% Zinsen RM. 47.05 zu unseren Gunsten.
1/8% Vergütung a/RM. 30170.50 . . RM. 37.70
Auslagen zu unseren Lasten . . . . „ 3.40 41.10

Monatsabschluß. Jahresabschluß.

Angaben für den Jahresabschluß.

E. Gebhardt ist für 4% Zinsen für 14 Tage 57.50
R. Gebhardt für 4% Zinsen für 14 Tage 27.85
zu erkennen.

Das Unkostenkonto ist für. . . . . 200.—
Ladenmiete zu belasten.

Vermögensaufstellung (Inventar) am 31. Dezember 19 .

Besitz.

		RM.
1. Kasse.		426.35
2. Waren.		
Nr. 307, Kammgarn schwarz, 88,2 m zu RM. 23.—	RM. 2028.60	
Steifleinen 75,5 m zu RM. 2.50	„ 188.75	
Wattierleinen 198 m zu RM. 2.—	„ 396.—	
Zanella 308 m zu RM. 5.—	„ 1540.—	
Serge I 148,4 m zu RM. 10.—	„ 1484.—	5637.35
3. Gebäude.		
Haus		86400.—
(Der Wert setzt sich aus dem Kaufpreis RM. 80000.— und den entstandenen Unkosten . . . . . „ 6400.— zusammen, letztere sind nicht abgeschrieben.)		
4. Wechsel.		
Nr. 9 auf Düsseldorf zum 16. Jan. 19		3094.—
5. Einrichtung.		
Buchwert.		4405.50
(Es erfolgt diesmal keine Abschreibung, weil diese bereits am 16. vorgenommen ist.)		
6. Schuldner.		
G. Schlink, hier	RM. 60.—	
Gebr. Meißner Nachf., Euskirchen	„ 2800.—	
Postscheckamt Cöln	„ 2873.50	
Rhein.-Westf. Diskontogesellschaft, hier	„ 5581.—	
J. Höffgen, Dortmund	„ 4864.—	
A. Erkens, Dortmund	„ 4080.—	
H. Rother, Essen	„ 1292.—	21550.50
7. Zwischenposten (Transitorische Aktiven).		
Noch ausstehende Miete		230.—
	Gesamtbetrag des Besitzes:	121743.70

Schulden.

1. Hypotheken.		
I. Hypothek zu 8%	RM. 30000.—	
II. „ „ 9%	„ 20000.—	50000.—
2. Schuldwechsel (Akzepte).		
Nr. 51, E. Wintzen zum 4. Jan. 19	RM. 2250.—	
Nr. 52, Hch. Bettmann Söhne zum 17. Jan. 19 . . .	„ 3469.—	5719.—
	Übertrag	55719.—

		RM.
	Übertrag	55719.—

3. Gläubiger.

A. Hansen, hier	RM. 175.—	
A. Pferdmenges, Kettwig	„ 1443.—	
Gebr. Herzer Nachf., Lennep	„ 7586.30	9204.30

4. Zwischenposten (Transitorische Passiven).

Hypothekenzinsen:		
8% auf RM. 30000.— für 13 Tage	RM. 86.65	
9% „ „ 20000.— „ 13 „	„ 65.—	151.65

5. Kapital Robert Gebhardt.

lt. Hauptbuch	RM. 17962.85	
Gewinn 2/5	„ 665.66	18628.51

6. Kapital Erwin Gebhardt.

lt. Hauptbuch	RM. 37041.75	
Gewinn 3/5	„ 998.49	38040.24
	Gesamtbetrag der Schulden:	121743.70

Aachen, den 31. Dez. 19

Erwin Gebhardt. Robert Gebhardt.

19. Buchungsgang.

Bei den Metallen ist Einkauf und Verkauf auf Fabrikationskonto zu verbuchen. Die zu verschmelzenden Metalle auf Schmelzkonto, Kohlen ebenfalls.

Diplomingenieur Albert Hell und Kaufmann Emil Scharf gründen am 1. Februar eine G. m. b. H. Der Gegenstand des Unternehmens ist der Handel mit Metallen, verbunden mit einer kleinen Gießerei. Die Firma lautet: Metallhandel und Gießerei Rheinland G. m. b. H. Beide Gesellschafter sind Geschäftsführer und erhalten einstweilen ein monatliches Gehalt von RM. 500.— Das Stammkapital beträgt RM. 20000.—, Emil Scharf beteiligt sich mit RM. 15000.— und Albert Hell mit RM. 5000.—.

Emil Scharf bringt ein:		
Guthaben bei dem Barmer Bankverein Duisburg		15000.—
Albert Hell bringt ein:		
2 kippbare Tiegelschmelzöfen zu RM. 1100.— .	RM. 2200.—	
1 Schmelzofen für Zinnlegierungen	„ 600.—	
Gießereigeräte einschließlich Gußkokillen . . .	„ 600.—	
Mobilien	„ 1600.—	5000.—

Es sind die Eröffnungsbuchungen und die Eröffnungsbilanz anzufertigen.

Geschäftsvorfälle.

Febr.	1.	Entnahme bei dem Barmer Bankverein	3000.—
„	1.	Ludwig Richter, Essen, liefert zahlbar sofort 72 kg 80prozentige Lagerschalen-Brocken, 1 kg zu RM. 4.10	295.20

			RM.
Febr.	2.	Wilhelm Zucker, Düsseldorf, liefert — Bedingungen wie vorher — 2000 kg altes Weichblei, frei von Hartblei, 1 kg zu RM. —.62. Wir rufen Zucker an und teilen ihm mit, daß wir ihm 223 kg zur Verfügung stellen müssen, weil es Hartblei ist und bitten um Versandverfügung.	
„	2.	Gewerkschaft Auguste Viktoria Hüls sendet 1 t Gießereikoks, 1 t zu RM. 31.— frei hier	31.—
„	4.	Briefmarken	30.—
„	4.	Emil Scharf entnimmt für Geschäftsreisen	150.—
„	6.	Metallgesellschaft m. b. H., Cöln, liefert, zahlbar nach Eingang und Richtigbefund, 1200 kg Rotgußschrott, handelsüblich und tiegelrecht, 1 kg zu RM. 1.05	1260.—
„	6.	Gewerkschaft Auguste Viktoria erhält Scheck Nr. 60128 auf den Barmer Bankverein	31.—
„	6.	Metallgesellschaft m. b H., Cöln, überweisen wir durch den Barmer Bankverein auf Reichsbankgirokonto . .	1260.—
„	6.	Armaturenfabrik Karl Ludwig, Essen, erhält 1200 kg Rotgußschrott handelsüblich und tiegelrecht gegen bahnamtlich abgestempelten Duplikatfrachtbrief ab unserem Werk, sofort zahlbar 1 kg zu RM. 1.25	1500.—
„	7.	Albert Hell entnimmt für Reisespesen	120.—
„	7.	Wilhelm Zucker, Düsseldorf, teilt mit, daß wir an seine Adresse 223 kg altes Weichblei zurückschicken sollen.	
„	8.	Armaturenfabrik Karl Ludwig, Essen, überweist durch die Reichsbank dem Barmer Bankverein	1500.—
„	8.	Die Gießereiabteilung erhält 72 kg 80 prozentige Lagerschalen-Brocken, 1 kg zu RM. 4.10	295.20
„	8.	Handelsgerichtliche Eintragung der Firma bezahlt . .	143.—
„	8.	Ludwig Richter, Essen, erhält Scheck Nr. 60129 auf den Barmer Bankverein.	295.20
„	9.	Wilhelm Zucker, Düsseldorf, sendet abgeänderte Rechnung über 1777 kg altes Weichblei, 1 kg zu RM. —.62 .	1101.75
		und wir überweisen den Betrag durch Barmer Bankverein auf Reichsbankgirokonto	1101.75
„	11.	Für Invalidenmarken RM. 8.—, Steuermarken RM. 17.20, Krankenkasse RM. 14.40 bezahlt	39.60
„	11.	Das Lohnkonto ist zu Gunsten des Versicherungskonto für die Beiträge der Arbeitnehmer zu belasten, Steuern RM. 8.60, Invalidenmarken RM. 2.—, Krankenkasse RM. 4.80	15.40
„	11.	Lohn für 14 Tage an Arbeiter Scheulen RM. 69.20 Lohn für 14 Tage an Arbeiter Frenzen „ 59.40	128.60
„	11.	Metallgesellschaft m. b. H., Cöln, liefert für die Gießerei 230 kg Lagermetall-Blockabfälle 80 prozentig, 1 kg zu RM. 3.90	897.—
„	11.	Metallgesellschaft m. b. H., Cöln, erhält Scheck auf den Barmer Bankverein	897.—

		RM.
Febr. 13.	Das Schmelzkonto ist zu belasten für hergestelltes Blockmaterial. Lohn . . . . RM. 7.80 Abnutzung für Tiegel und Geräte . . „ 8.— 20% allgem. Handlungsunkosten . . . „ 242.20	258.—
„ 13.	29 Block zu ca. 10 kg = 293 kg 80% Blockmaterial sind gegossen und kommen auf Lager, 1 kg zu RM. 4.96	1453.30
„ 14.	Metallgießerei Gebr. Holz, Solingen, liefern kupferhaltige Rückstände, zahlbar nach Eingang und Analysenaustausch 6500 kg Messingschlacken, tel quel (wie sie entfallen) 2300 „ Rotgußschlacken, „ „ 8800 kg zum Durchschnittspreise von RM. 0.20 für 1 kg	1760.—
„ 16.	Metallgießerei Gebr. Holz, Solingen, erhalten Scheck Nr. 60131 auf den Barmer Bankverein	1760.—
„ 16.	Metallhütte Dortmund erhält kupferhaltige Rückstände, frei Dortmund: 6500 kg Messingschlacken laut Analyse mit 21% Kupfer zu RM. 0.20 . . . RM. 1300.— 2300 kg Rotgußschlacken laut Analyse mit 39,9% Kupfer zu RM. 0.39 . . . . „ 897.—	2197.—
„ 16.	Fracht nach Dortmund	50.80
„ 16.	Albert Hell entnimmt für Reisespesen	60.—
„ 16.	Emil Scharf entnimmt für Reisespesen	50.—
„ 17.	Wir kaufen in gemeinschaftlicher Rechnung mit Metallwerk Osnabrück von der Metallgesellschaft m. b. H., Cöln, Messing-Kartuschen pulver- und eisenfrei 10 t, 1 kg zu RM. 1.— . . . . frei Osnabrück, zahlbar nach Eingang und Richtigbefund.	10000.—
„ 18.	Metallwerk Osnabrück überweist durch die Reichsbank auf den Barmer Bankverein, Duisburg, ½ Anteil . .	5000.—
„ 20.	Wir geben in die Abteilung Gießerei 1702 kg Altweichblei, 1 kg zu RM. 0.62	1055.25
„ 20.	Es werden aus der Gießerei 1668 kg Weichblei in Blöcken auf Lager genommen, 1 kg zu RM. 0.77	1284.36
„ 20.	Das Schmelzkonto ist zu belasten für hergestelltes Weichblei. Lohn . . . . RM. 6.80 Abnutzung für Tiegel und Geräte . . „ 11.— 20% allgemeine Handlungsunkosten . . „ 215.20	233.—
„ 21.	Otto Fuchs, hier, erhält 1668 kg Weichblei in Blöcken, zahlbar sofort, 1 kg zu RM. 0.82	1367.75
„ 21.	Metallhütte Dortmund überweist durch die Reichsbank auf Barmer Bankverein	2197.—
„ 22.	Otto Fuchs, hier, zahlt bar	1367.75
„ 22.	Wir heben bei dem Barmer Bankverein bar ab . .	10000.—
„ 22.	Metallgesellschaft m. b. H., Cöln, erhält bar	10000.—
„ 23.	Metallwerk Osnabrück übernimmt von dem a meta-abschluß die 10 t Messingkartuschen, pulver- und eisenfrei, 1 kg zu RM. 1.08 . . . . RM. 10800.— abzüglich ½ Gewinnanteil . . . „ 400.—	10400.—

		RM.
Febr. 25.	Lohnzahlung an Scheulen für 14 Tage RM. 69.20 Lohnzahlung an Frenzen für 14 Tage . „ 59.40	128.60
„ 25.	Das Lohnkonto ist zu Gunsten des Versicherungskontos für die Beiträge der Arbeitnehmer zu belasten: Steuern RM. 8.60, Invalidenmarken RM. 2.—, Krankenkasse RM. 4.80	15.40
„ 25.	Wilhelm Zucker, Düsseldorf, sendet Messingzünder, pulver- und eisenfrei, 1500 kg, 1 kg zu RM. 1.04 . .	1560.—
„ 27.	Die Besichtigung der Ware ergibt, daß 220 kg mit Eisenstiften behaftet sind. Laut Vereinbarung am Fernsprecher wird auf die minderwertige Ware ein Nachlaß von RM. 0.24 das kg gewährt	52.80
„ 27.	Otto Fuchs, hier, erhält 293 kg Lagerweißmetall in Blöcken mit garantiert 80% Zinninhalt. 1 kg RM. 5.10	1494.30
„ 28.	Metallwerk Osnabrück überweisen durch die Reichsbank dem Barmer Bankverein, hier	5400.—
„ 28.	Miete bezahlt	300.—
„ 28.	Heizung und Beleuchtung	75.—
„ 28.	Telephongebühren	38.—
„ 28.	Steuermarken RM. 98.— Angestelltenvers. RM. 6.— Krankenkasse RM. 8.—, Invalidenvers. RM. 4.— . .	116.—
„ 28.	Gehalt an Scharf RM. 500 abzüglich Steuern RM. 44.— . . . . RM. 456.— Gehalt an Hell RM. 500.— abzüglich Steuern RM. 44.— . . . . „ 456.—	912.—
„ 28.	Gehalt an die Stenotypistin RM. 160.— abzüglich Steuern RM. 10.—, Angestelltenvers. RM. 3.—, Krankenkasse RM. 5.40	141.60
„ 28.	Das Gehaltkonto ist zu Gunsten des Versicherungskontos für die Beiträge der Arbeitnehmer zu belasten: Steuern RM. 98.—, Angestelltenvers. RM. 3.—, Krankenkasse RM. 5.40	106.40

Angaben für den Jahresabschluß.

Die Summen der einzelnen Konten wie Versicherung, Reise, Lohn, Gehalt und Fracht werden auf Generalunkostenkonto übertragen.

Auf Schmelzöfen, Gießereigeräte und Mobilien werden 1% abgeschrieben.

Bestand an Materialien: Fabrikation

75 kg altes Weichblei, 1 kg zu RM. 0.62 . . .	RM. 46.50	
1280 kg Messingzünder, 1 kg zu RM. 1.04 . .	„ 1331.20	
220 „ „ 1 „ „ „ 0.80 . .	„ 176.—	1553.70

Bestand auf Schmelzkonto:

Kohlenvorräte 21.70

Der laut Abschluß ermittelte Verlust wird auf neue Rechnung vorgetragen.

Anhang.

Besondere Aufgaben.

1. Aufgabe.

Scholz, Herz und Flitner gründen am 1. Mai eine G. m. b. H. Das Gesellschaftskapital beträgt RM. 120000.—. Der Anteil eines jeden Gesellschafters ist RM. 40000.—.

Scholz bringt ein:

1 Geschäftshaus	RM. 80000.—
Grundschuld (Hypothek) darauf	„ 32000.—

Den Rest seines Guthabens von RM. 8000.— läßt er als Darlehen stehen.

Herz bringt ein:

Waren	RM. 15000.—
Bar	„ 10000.—
Einrichtung	„ 5000.—

Den Rest von RM. 10000.— zahlt er in 3 Monaten.

Flitner bringt ein:

Bar	RM. 15000.—
Wechsel	„ 10000.—

Den Rest von RM. 15000.— zahlt er ebenfalls in 3 Monaten.

Wie lauten die Eröffnungsbuchungen und die Eröffnungsbilanz?

Die Gesellschaft hat nach einem Jahre am 30. April einen Reingewinn von RM. 18035.50, der wie folgt verteilt wird: Jeder Gesellschafter erhält 12% Dividende seines Einlagekapitals. RM. 600.— werden auf Personenrücklagekonto (Delkredere) und RM 3000.— auf Rücklagekonto (Reservefonds) verbucht. Der Rest von RM. 35.50 wird vorgetragen.

Wie lauten die Buchungen?

2. Aufgabe.

Es wird eine Aktiengesellschaft mit RM. 1000000.— Aktienkapital gegründet. Die Aktien werden von den Gründern zum Nennwert übernommen. Es wird vereinbart, daß 50% der Aktien sofort eingezahlt werden. Diese 50% werden in folgender Weise aufgebracht:

Grundstücke	RM. 120000.—
Gebäude	„ 150000.—
Maschinen	„ 90000.—
Wechsel	„ 20000.—
Bar	„ 60000.—
Bankkonto	„ 150000.—
	RM. 590000.—

Darauf ruhende Schulden sind:

Grundschulden (Hypotheken)	RM.	81000.—
Gläubiger	„	9000.—
	RM.	90000.—

Wie lauten die Eröffnungsbuchungen und die Eröffnungsbilanz?

Die Gesellschaft hat am Schlusse des Jahres einen Reingewinn von RM. 101 220.20, der wie folgt verteilt wird:

5% für Rücklagekonto (Reservefonds) vom Reingewinn	RM.	5061.—
6% Dividende an die Aktionäre	„	60000.—
10% Tantieme an den Aufsichtsrat vom übrigbleibenden Gewinne von RM. 36159.20	„	3615.90
Von dem jetzt noch bleibenden Gewinn wird für eine besondere Rücklage zurückgelegt	RM.	20000.—
Ferner für die Beamten und Arbeiter	„	10000.—
Der Rest von	„	2543.30

wird vorgetragen.

Wie lauten die Buchungen?

3. Aufgabe.

Hagel, Kupfer und Groß haben eine Kommanditgesellschaft. Hagel ist persönlich haftender Teilhaber (Komplementär). Die beiden anderen sind Kommanditisten. Hagel hat ein Kapital von RM. 15000.—, Kupfer von RM. 10000.— und Groß von RM. 12500.— gegeben. Am Schlusse des Jahres hatte Hagel für sich RM. 3000.—, Kupfer RM. 1000.— und Groß RM. 1000.— entnommen. Für ihre Entnahme sind die Gesellschafter mit 4% Zinsen zu belasten: Hagel RM. 120.—, Kupfer RM. 40.— und Groß RM. 40.—. Den Kommanditisten werden für ihre Einlagen 5% Zinsen auf Privatkonto gutgeschrieben, also Kupfer RM. 500.— und Groß RM. 625.—.

Am Schlusse des Jahres ist ein Reingewinn von RM. 4960.— vorhanden, der wie folgt verrechnet wird: 4% Zinsen für seine Einlage erhält Hagel gutgeschrieben: RM. 600.—. Von dem Reste werden für eine Rücklage 10% genommen. Von dem jetzt noch verbleibenden Rest erhält Hagel die Hälfte, und die andere Hälfte erhalten die beiden Kommanditisten nach ihren Einlagen. Die Gewinnanteile werden auf die Privatkonten verbucht. Der Rest des Privatkontos von Hagel wird auf Kapitalkonto verbucht. Der Rest der Privatkonten der beiden Kommanditisten wird auf neue Rechnung vorgetragen.

Wie lauten die Buchungen?

4. Aufgabe.

Wie sind folgende Vorfälle mit Hilfe des Geheimbuchkontos zu verbuchen, damit die Angestellten den Zusammenhang nicht merken?

April 4. Die Ehefrau des Inhabers Maria Frenzen beteiligt sich mit RM. 20000.— bar am Geschäft.

„ 6. entnimmt der Inhaber RM. 600.— für sich.

„ 18. Der Bruder des Inhabers K. Frenzen erhält ein Darlehen von RM. 5000.—

Abschlußübungen.

Verkehrsbilanz vom 31. Januar von Karl Groß.

	Soll RM.	₰	Haben RM.	₰
Kassen-Konto	34000	—	17500	—
Kapital-Konto	470	—	25420	—
Reichsbank-Konto	23360	—	12200	—
Waren-Konto	74230	—	82830	—
Besitzwechsel-Konto.	3200	—	—	—
Einrichtungs-Konto	2000	—	—	—
Kontokorrent-Konto	34960	—	35160	—
Abzugs-Konto	110	—	—	—
Unkosten-Konto	780	—	—	—
	173110	—	173110	—

Warenbestand am 31. 1. RM. 1000.—. Auf Einrichtung 10% Abschreibung.

Verkehrsbilanz vom 31. Juli von Oskar Breiter.

	Soll RM.	₰	Haben RM.	₰
Kapital-Konto	370	—	18750	—
Kassen-Konto	18520	—	13090	—
Waren-Konto	3310	—	4180	—
Reichsbank-Konto	12000	—	810	—
Wechsel-Konto	3250	—	2400	—
Kontokorrent-Konto	2580	—	2410	—
Einrichtungs-Konto	1250	—	—	—
Unkosten-Konto	360	—	—	—
	41640	—	41640	—

Warenbestand RM. 140.—, Schuldner RM. 270.—, Gläubiger RM. 100.—, auf Einrichtung 5% Abschreibung.

Verkehrsbilanz vom 31. August von Ernst Fischer.

	Soll RM.	₰	Haben RM.	₰
Kapital-Konto	200	—	10298	—
Kassen-Konto	10380	—	1005	70
Waren-Konto	856	—	880	—
Schuldner-Konto	555	—	390	—
Einrichtungs-Konto	525	—	—	—
Fracht-Konto	6	70	—	—
Unkosten-Konto	58	—	—	—
Abzugs-Konto	—	—	7	—
	12580	70	12580	70

Warenbestand RM. 383.—, auf Einrichtung 5% Abschreibung.

Verkehrsbilanz vom 30. April von August Neser.

	Soll RM.	Pf	Haben RM.	Pf
Kapital-Konto	650	—	25000	—
Kassen-Konto	43000	—	35100	—
Waren-Konto	40000	—	48050	—
Bank-Konto	21000	—	4000	—
Wechsel-Konto	9000	—	—	—
Kontokorrent-Konto	21000	—	21000	—
Akzept-Konto	4000	—	12000	—
Einrichtungs-Konto	4500	—	—	—
Unkosten-Konto	2000	—	—	—
	145150	—	145150	—

Warenbestand . . . . RM. 7950.—
Schuldner . . . . „ 3000.—
Gläubiger . . . . „ 3000.—

Einrichtung 2% Abschreibung.

Verkehrsbilanz vom 30. September von Ernst Lang.

	Soll RM.	Pf	Haben RM.	Pf
Kapital-Konto	310	—	10442	05
Kassen-Konto	9964	30	5363	—
Waren-Konto	2083	—	1515	—
Wechsel-Konto	455	—	180	—
Einrichtungs-Konto	519	75	—	—
Schuldner-Konto	1430	—	1025	—
Zweifelhafte Forderungen	230	—	—	—
Reichsbank-Konto	5172	80	500	—
Gläubiger-Konto	1500	—	1700	—
Fracht-Konto	23	—	—	—
Unkosten-Konto	30	—	—	—
Abzugs-Konto	7	20	—	—
Akzept-Konto	—	—	1000	—
	21725	05	21725	05

Warenbestand . . . . RM. 960.—
Schuldner . . . . „ 405.—
Gläubiger . . . . „ 200.—

Einrichtung 1% Abschreibung.

Verkehrsbilanz vom 30. November von Otto Brach.

	Soll RM.	₰	Haben RM.	₰
Kapital-Konto	240	—	29619	15
Kassen-Konto	28520	30	28082	85
Waren-Konto	11992	14	6236	46
Wertpapier-Konto	4619	15	—	—
Wechsel-Konto	4927	55	3812	90
Kontokorrent-Konto	41720	75	24267	33
Einrichtungs-Konto	1450	—	—	—
Akzept-Konto	2500	—	4277	50
Unkosten-Konto	299	50	2	50
Fracht-Konto	28	35	—	—
Abzugs-Konto	40	86	179	71
Reise-Konto	118	—	—	—
Diskont-Konto	21	80	—	—
	96478	40	96478	40

Warenbestand RM. 6990.39, Wertpapiere 4626.95, Schuldner RM. 34618.50, Gläubiger RM. 17453.42, Einrichtung 5% Abschreibung.

Verkehrsbilanz vom 30. Januar von Karl Gruber & Cie.

	Soll RM.	₰	Haben RM.	₰
Kapital Karl Gruber	290	—	20270	36
Kapital Kurt Gruber	240	—	30215	39
Kassen-Konto	9076	07	7221	50
Waren-Konto	10668	16	7438	01
Haus-Konto	81424	20	—	—
Kontokorrent-Konto	139603	80	126121	49
Einrichtungs-Konto	1435	50	14	50
Transitorisches Aktiven-Konto	50	—	—	—
Hypotheken-Konto	—	—	50000	—
Akzept-Konto	2141	—	3918	50
Transitorisches Passiven-Konto . . .	—	—	185	42
Unkosten-Konto	709	05	43	80
Reise-Konto	162	—	—	—
Diskont-Konto	26	85	—	—
Kommissionswaren-Konto	3440	73	3653	10
Zinsen-Konto	351	40	113	51
Abzugs-Konto	77	20	109	38
Miete-Konto	—	—	430	—
Fracht-Konto	24	50	—	—
Abschreibungs-Konto	14	50	—	—
	249734	96	249734	96

Warenbestand RM. 4825.55, Schuldner RM. 30518.81, Gläubiger RM. 17036.50. Einrichtung 2% Abschreibung. Jeder der beiden Teilhaber erhält die Hälfte vom Gewinn.

Verkehrsbilanz
vom 31. Dezember der Bankfirma Horst & Bergmann.

	Soll RM.	Pf	Haben RM.	Pf
Fritz Horst, Kapital-Konto	—	—	60748	—
Adolf Bergmann, Kapital-Konto	—	—	39580	—
Fritz Horst, Privat-Konto	3500	—	—	—
Adolf Bergmann, Privat-Konto	3000	—	—	—
Kassen-Konto	86452	50	81600	50
Giro-Konto	74380	25	60685	25
Wechsel-Konto	81418	75	63736	40
Effekten-Konto	76917	50	61247	40
Devisen-Konto	41204	60	27922	15
Lombard-Konto	31618	20	17354	50
Kontokorrent-Konto	160416	—	127158	05
Mobilien-Konto	1760	—	—	—
Tratten-Konto	34922	60	52970	—
Zinsen-Konto	1756	55	9200	—
Agio-Konto	380	—	516	55
Provisions-Konto	217	60	988	25
Courtage-Konto	120	30	188	60
Disagio-Konto	342	95	216	20
Unkosten-Konto	5673	05	180	—
Verlust- und Gewinn-Konto	211	—	—	—
	604291	85	604291	85

Devisen	RM. 15419.50
Effekten	„ 20980.20
Schuldner	„ 51618.05
Gläubiger	„ 18360.10

Auf Einrichtung 10% Abschreibung.

Wie stellt sich der Abschluß, wenn die Gesellschafter für ihre Entnahmen mit 4% Zinsen belastet und für die Kapitalien mit 5% erkannt werden Horst 3/5 und Bergmann 2/5 des Gewinns erhält.

Verkehrsbilanz der Kohlenhandelsgesellschaft „Glück auf" G. m. b. H. vom 31. 12.

	Soll RM.	Pf	Haben RM.	Pf
Stammkapital-Konto			10000	—
Kontokorrent-Konto	246970	43	126768	15
Waren-Konto	246040	52	256968	40
Schiffahrts- (Ertrags-) Konto . . .	10949	74	17940	50
Postscheck-Konto	48356	74	45558	43
Darmstädter Bank-Konto	94079	83	126957	80
Reichsbank-Konto	10940	—	9935	60
Kassen-Konto	13985	73	12915	49
Platzgeschäft-Konto.	8599	83	12007	44
Mobilien-Konto	8000	—	—	—
Reisebureau- (Ertrags-) Konto . . .	234	25	2579	13
Schuldwechsel-Konto	97276	24	219785	—
Unkosten-Konto	55982	63		
	841415	94	841415	94

Warenbestand . . . . RM. 35125.—
Warenbestand im Platzgeschäft. . . . . „ 735.—
Schuldner . . . . „ 184320.38
Gläubiger . . . . „ 64118.10
Auf Einrichtung 10% Abschreibung.

Vom Reingewinn werden 12% Dividende verteilt, RM. 1800.— auf Delcredere verbucht, und der Rest auf neue Rechnung vorgetragen.

GPSR Compliance

The European Union's (EU) General Product Safety Regulation (GPSR) is a set of rules that requires consumer products to be safe and our obligations to ensure this.

If you have any concerns about our products, you can contact us on ProductSafety@springernature.com

In case Publisher is established outside the EU, the EU authorized representative is:

Springer Nature Customer Service Center GmbH
Europaplatz 3
69115 Heidelberg, Germany

Batch number: 10815964

Printed by Printforce, the Netherlands